POÈMES
Robert Latil

POUÈMO
Roubert Làtil

LA MÉRIDIANA

© 2021 André Latil
La photo de couverture est libre de droit.
Celle de quatrième de couverture est la propriété de l'auteur.

Couverture conçue et réalisée par
Votre Plume 83,
Pascal Delugeau, Écrivain-Conseil® à Draguignan.

Édition : BoD – Books on Demand,
12/14 rond-point des Champs-Élysées, 75008 Paris.
Impression : BoD - Books on Demand, Norderstedt, Allemagne.

ISBN 978-2-3223-9743-3

Dépôt légal octobre 2021

Le Code de la propriété intellectuelle interdit les copies ou les reproductions destinées à une utilisation collective. Toute représentation ou reproduction intégrale ou partielle faite par quelque procédé que ce soit, sans le consentement de l'auteur ou de ses ayants cause, est illicite et constitue une contrefaçon, aux termes des articles L.335-2 et suivants du Code de la propriété intellectuelle.

Lou grand malu de nouastro lengo
es que si parlo plus,
mai que voulen l'escriéure.

Le grand malheur de notre langue
réside dans le fait qu'on ne la parle plus, mais
qu'on la veut écrire.

Avertissimen

Es à moun couar defendènt qu'ai mescla la reviraduro franceso en regard de mei tèste prouvençau, car mi sèmblo qu'en pouësié, la traducien, - coumo en pinturo la reprouducien, en musico l'enregistramen - a pas la sabour de l'ouriginau. Aujariéu meme dire que si pourrié pèr fes tremuda traducien en trahisoun.

Tambèn àuji espera que, vautre que mi farès l'ounour de mi legi, prendrès proun paciènci pèr deschifra lou tèste proumié, sènso vous precepita lèu-lèu sus soun interpretacien franceso.

Mai pamens, s'aquélei traducien pouadon èstre de quauco utileta ei noun inicia à la lengo nouastro, alor n'en siéu urous.

R.L

Avertissement

C'est à mon corps défendant que j'ai mis leur reproduction française en regard des textes provençaux. Il me semble, en effet qu'en poésie la traduction, - Comme en peinture la reproduction, en musique l'enregistrement – n'ont pas la saveur de l'original. J'oserais même dire qu'on pourrait parfois transmuer traduction en trahison.

Aussi, j'ose espérer que, vous qui me ferez l'honneur de me lire, vous aurez assez de patience pour déchiffrer le texte premier, sans vous précipiter d'abord sur son interprétation en langue française.

Néanmoins, si cette traduction peut être de quelque utilité aux non initiés à notre langue, alors j'en suis heureux.

R..L.

Introuducien

En debuto d'aquéu librihoun, en meno de brèvo introuducien, e pèr rendre óumàgi à l'ome saberu, au Prouvençau d'elèi, que sa moudestié èro à la mesuro de soun sabé, vouàli desvela uno partido de la courespoundènci qu'escamberian dins leis annado que precedèron sa grando despartido, ai las! Vouàli parla de nouastre ami regreta Pèire André, de "La Bastido dei Quatre Auro" de Sant Jóusè de Draguignan, qu'a quita 'quéu mounde lou 17 d'avoust 1999.

Avian fa counouissènço, e s'erian liga d'amista en de rescontre festiéu, e d'acampado que si debanon dins nouastre relarg pèr la mantenènço e l'aparamen de la lengo. S'adraiavian vourentié sus lei piado de la pouësié, partejavian nouàstrei trobo, se n'en faian mutualamen la critico, amicalo, mai sènso coumplasènci, éu mi cercavo garrouio sus moun biais fantasious d'engimbra mei vers, iéu, temidamen li faiéu remarca lei deco dei siéu. Acetavian reciproucamen, e toujour de-bouano, nouàstreis óusservacien bèn-voulènto e eisènto de passien.

Mi metèri puei en tèsto de vougué faire un sounet pèr Prouvènço. Noun qu'aguèssi la pretencien de faire mies que d'autre - Dieu m'en garde !- pas mai que de vougué vanta la douçour, lou charme, e basto! tout lou sanclame dei vertu de moun bèu païs, d'autre, e noun dei mendre, v'an fa avans iéu emé grand gàubi e'm'uno pertoucanto sensibleta.

Vouliéu tout simplamen dire la lagno, lei regret, lou languimen dóu viei, devengu pantaiaire, que s'entourno à soun enfanço, à sei souveni ; à sa terro peirenalo, e que si retrobo plus dins aquélei draio de la coualo ounte a tant courru, enfant ; dins aquélei camin pousseirous qu'a treva milo còup en sourtènt de l'escoro, e que soun encuei, ai las! enebi, barra, embaragna ; e que si sènte, lou paure mesquin, estrangié dins soun Vilàgi.,

Introduction

Au début de ce petit livre, en manière de brève introduction, et pour rendre hommage à l'homme cultivé, au fin Provençal, dont la modestie était à la mesure de son savoir, je dévoilerai une partie de la correspondance que nous échangeâmes pendant les années qui précédèrent son ultime départ, hélas ! Je veux parler de notre ami regretté Pierre André, de "La Bastide des Quatre vents" de Saint Joseph, de Draguignan, qui a quitté ce monde le 17 août 1999.

Nous avions fait connaissance et nous nous étions liés d'amitié à l'occasion de réjouissances et de rassemblements organisés pour la maintenance et la défense de la langue d'Oc. Nous nous acheminions volontiers sur les sentiers de la poésie, nous partagions nos trouvailles, nous nous en faisions la critique mutuelle, amicale, mais sans complaisance. Lui me reprochant ma façon fantaisiste d'accoutrer mes vers, moi, timidement, lui faisais remarquer les petites erreurs des siens. Nous acceptions réciproquement et prenions en bonne part les remarques bienveillantes et exemptes de passion.

Je me mis un jour en tête de vouloir faire un sonnet pour Provence. Non que j'eusse la prétention de faire mieux que d'autres - Dieu m'en garde ! - pas davantage que de vouloir vanter la douceur, le charme, enfin tout l'attirail des vertus de mon beau pays ; d'autres, et non des moindres, l'ont fait avant moi avec un grand art et une touchante sensibilité.

Je voulais simplement dire la peine, les regrets, la nostalgie du vieux, devenu songeur, qui revient à son enfance, à ses souvenirs, à la terre de ses ancêtres, et qui ne se retrouve plus dans ces sentiers de la colline où il a tant couru, enfant ; dans ces chemins poussiéreux qu'il a parcouru mille fois en sortant de l'école, et qui sont aujourd'hui, hélas ! interdits, barrés de portails ; et qui se sent devenu étranger dans son Village.

Pas pu lèu acabado moun obro, vouguèri subran demanda à moun ami soun vejaire, mi languissiéu de vèire soun estounamen amiratiéu, e de counouèisse soun óupinien que, èro tout vist, sarié evidentamen favourablo! Pèr acò, sènso faire d'alòngui, prenguèri lou telefono, e, après m'èstre enquista de sa santa e d'aquelo de soun espouso, li diguèri tout d'uno qu'aviéu engimbra quaucarèn, e que m'agradarié fouaço de li òu-z-à moustra.

Eu, emé soun gentun abituau e soun acuiènci, mi convidé au siéu l'endeman au vèspre. Tre que si fuguerian estala, après quàuquei paraulo de bèn-vengudo e d'amista, mi vengué subran : "Alor, aquel oubràgi, lou vian en pau?" E li moustrèri moun sounet - ou pamens ce que cresiéu n'èstre un.

Un sounet pèr Prouvènço

Fuguessias pas vengu treva nouastro countrado,
Se vous aguessian pas chabi nouàstrei campas,
Sarias pas devengu - quitant vouàstrei bourgado -
De Prouvençau, gènt de l'Uba.

Avès cava de pous dins lei coualo brulado ;
Dins de grand bassin blu, l'aigo lindo a raia ;
Vous sias encastela dins vouàstrei pantaiado,
E vous li sias embaragna.

Vièio maire, ti ploures pas ;
Erian paure, e la vido èro duro e crudello.
Nous an entartuga - largant seis escarsello -

Si sian leissa embarluga.
Pamens, venguèsson pas denuda tei mamello,
Aurian jamai sachu, Prouvènço, qu'ères bello.

La Mouto, au mes de jun,
Milo nòu cènt nouananto-sièis.

Sitôt achevée mon œuvre, je voulus sur le champ avoir l'avis de mon ami, il me tardait, en outre, de voir son étonnement admiratif, et de connaître son opinion qui, bien évidemment serait favorable ! pour cela, je lui téléphonai sans tarder, et, après m'être enquis de sa santé ainsi que de celle de son épouse, je lui dis tout de go que j'avais mis sur pied quelque chose que j'aimerais lui soumettre.

Lui, avec sa gentillesse habituelle et sa façon accueillante, me convia chez lui dès le lendemain. Aussitôt installés, après quelques paroles de bienvenue et d'amitié, venant droit au but, il me dit: "Alors, cette œuvre, on la voit un peu?" Et je lui montrai mon sonnet - ou du moins ce que je croyais en être un.

Un sonnet pour la Provence

Si vous n'étiez pas venus fréquenter nos contrées, - si nous ne vous avions pas vendu nos champs, - vous ne seriez pas devenus - quittant vos bourgades - des Provençaux, gens du Nord.

Vous avez creusé des puits dans les collines brûlées ; - Dans de grands bassins bleus l'eau limpide a coulé ; - Vous avez bâti des châteaux de rêve, - et vous vous y êtes clôturés.

Vieille mère, ne pleure pas ; - Nous étions pauvres, et la vie était dure et cruelle ; - Il nous ont fait miroiter leurs offres,

Nous nous sommes laissé éblouir. - Néanmoins, ne fussent-ils pas venus dénuder tes mamelles, - nous n'aurions jamais su, Provence, que tu étais belle.

La Motte, au mois de juin
mille neuf cent nonante-six.

Après agué legi pausadamen e 'mé grando atencien, un cóup, puei doui còup moun tèste, fin finalo mi vengué: "A moun devejaire semblarié que vouastro oubreto es fouaro normo e respèto pas lei règlo, estènt que dins un sounet, tóutei lei vers duvon agué lou mume noumbre de pèd, or, lou vouastre tèn pas comte d'aquéleis óubligacien." E, mi citènt, la Pleiado, Marot, Malherbe, Boileau, mi counvinqué de moun errour.

M'entournèri deçaupu e despicha ; aviéu mes tout moun couar dins aquélei quatorge vers, e n'esperàvi de sa part que d'elògi.

Pamens, dins lei jour que suivèron, en tenènt comte de sei remarco, li mandèri aquéu nouvèu sounet, bèn dins lei règlo, e que digié ma peno e mei regrèt d'agué manca la draio, e d'agué óufri à ma Prouvènço qu'un paure fouletoun, en-luego de li faire l'óufrèndo de la fino gèmo de meis uei.

Prouvènço, auriéu vougu...

M'aurié fouarço agrada, leissant courre ma tèmo,
Sus l'alo d'un pantai, au grat dóu vènt foulet,
De gaubeja pèr tu un belugant sounet,
Qu'aurié vougu, soulet, autant qu'un long pouèmo.

Ah! se l'aviéu troubado, aquelo puro gèmo,
E l'aguèssi tengudo un moumen dins mei det,
Auriéu courru subran coumo un enfantounet
Te l'óufri à ginous em' uno joi suprèmo.

Mai, coumo se l'aucèu avié perdu seis alo,
Coumo s'èron creba lei mirau dei cigalo,
Ai las ! s'es atupi moun paure sounetoun.

E l'obro qu'un moumen cresèri magistralo,
Es plus qu'un recaliéu qu'un foulatoun embalo ;
E ti pouèrgi tout just, Prouvènço, un avourtoun.

La Mouto, au mes de jun
Milo nòu cènt nouananto-sièis.

Après avoir lu posément, avec grande attention, une fois, deux fois mon texte, il finit par me dire : "A mon avis, il semblerait que votre petit travail n'est pas dans les normes et ne respecte pas les règles, étant entendu que dans un sonnet tous les vers doivent avoir le même nombre de pieds, or, le vôtre ne tient pas compte de ces obligations." Et, citant, la Pléiade, Marot, Malherbe, Boileau, il me convainquit de mon erreur.

Je m'en revins déçu et découragé ; j'avais mis tout mon cœur dans ces quatorze vers, et j'en espérais de sa part des éloges.

Néanmoins, dans les jours qui suivirent, en tenant compte de ses remarques, je lui envoyai ce nouveau sonnet, bien dans les règles, disant ma peine et mes regrets de n'avoir pas su dire correctement ce que j'avais pourtant profondément pensé et, par conséquent, de n'avoir offert à ma Provence qu'un pauvre sonnet mal tourné, alors que je croyais lui faire, en hommage, l'offrande de la prunelle de mes yeux.

Provence, j'aurais voulu...

J'aurais beaucoup aimé, laissant aller ma fantaisie, - sur l'aile d'un rêve, au gré du vent follet, - fignoler pour toi un étincelant sonnet - qui aurait valu, à lui seul, autant qu'un long poème.

Ah ! si je l'avais trouvée cette pure pierre précieuse, - et si je l'avais tenue un moment dans mes doigts, - j'aurais couru aussitôt comme un petit enfant - te l'offrir à genoux, avec une joie suprême.

Mais comme si l'oiseau avait perdu ses ailes, - comme si les cymbales des cigales étaient crevées, - hélas, s'est évanoui mon pauvre petit sonnet.

Et l'œuvre qu'un moment je crus magistrale, - n'est plus que cendres, qu'un vent follet emporte ; - et je t'offre seulement, Provence, un simple petit avorton.

La Motte, au mois de juin
Mille neuf cent nonante-six.

Vaqui puei qu'un mes après, lou jour de Santo Mario-Madaleno, reçubèri aquelo "Emendo ounourablo" en formo de sounet, que mi pertouqué pèr soun umelita autant que pèr soun esperit

EMENDO OUNOURABLO

A moun coulègo-pouëto R.L

La lèi es bèn la lèi, mai es enganarello.
Crèsi, moun brave ami, m'èstre mau endraia
Quouro, pèr aquéu vers qu'avès tant alisca,
Sus soun titre "Sounet" faguèri raganello.

La Pleiado e Marot, lei règlo renarello,
Malherbe e Boileau an tout bèn counfierma:
Pèr faire lou sounet lou miés escrinchela,
Dès pèd, quatorge vers, es la lèi sauvarello.

Li a lou reglamen, licènci (1) à coustat;
Sounet irregulié fuguèron toulera:
Avèn que de legi 'quélei de Baudelaire (2)

E mi siéu remembra mai d'un sounet "layé" (3),
Onte un vers desparia s'en vèn faire lanlèro!
Es bouan vouastre sounet: "Nourmau, sènte l'aiet"(4).

A "La Bastido dei Quatre Auro
de Sant Jóusè de Draguignan,
lou dilun vint-e-dous de juliet,
bèu jour de Santo Mario-Madaleno
de l'an de gràci e dóu bissèst
milo nòu cènt nouananto-sieis.

Pierre André.

Et voici qu'un mois après - le jour de Sainte Marie Madeleine - je reçus cette "Amende honorable" en forme de sonnet, qui me toucha profondément par son humilité autant que par son esprit :

AMENDE HONORABLE

A mon collègue-poète R.L

La loi, est bien la loi, mais elle est trompeuse. Je crois, cher ami, avoir pris un mauvais chemin quand pour ce poème que vous avez tant fignolé, sur son titre "Sonnet" je tins un long propos fastidieux.

La Pléiade et Marot, les règles ennuyeuses, Malherbe et Boileau ont tout bien confirmé : pour faire le sonnet le mieux ciselé, dix pieds, quatorze vers, c'est la loi salvatrice.

Il y a le règlement, la licence (1) à côté : Les sonnets irréguliers furent tolérés, vous n'avez qu'à lire ceux de Baudelaire (2).

Et je me suis remémoré bien des sonnets layés dans lesquels un vers plus court s'en vient faire divertissement. Il est bon votre sonnet : "C'est normal, il sent l'ail" (4).

A "La Bastide des Quatre Vents", de Saint-Joseph de Draguignan, le lundi vingt-deux juillet, beau jour de Sainte-Marie-Madeleine de l'an de grâce et de l'année bissextile mille neuf cent nonante six.

Pierre André.

(1) Licènci   Es, bèn entendu, de licènci pouëtico que vouàli parla.

(2) Baudelaire   Dans "Les fleurs du Mal", sur 43 sonnets l'auteur utilise 34 formes différentes, dont certaines sont à la limite de la définition du sonnet. (Réf : Michèle Aquien, "La Versification", page 118, aux éditions "Presses Universitaires de France".

(3) Sonnet layé   Forme de sonnet ainsi appelé à cause de l'utilisation de vers courts parmi les vers longs, (Réf : comme ci-dessus, M. Aquien, page 118).

(4) Layé e l'aiet : Escusarès, vous n'en prègui, moun marrit calembour, que, urousamen, si pòu pas revira en francés. Vitour Hugo a escri : "Le calembour est la fiente de l'esprit qui vole". Fin finalo, s'ai d'esperit, e s'aquel esperit volo, siéu bessai pas perdu pèr la soucieta, tant pis pèr vous se vous cago sus lou nas.

(1) Licence   C'est, bien entendu, de licence poétique que je veux parler.

(2) Baudelaire   Dans "Les fleurs du Mal", sur 43 sonnets, l'auteur utilise 34 formes différentes, dont certaines sont à la limite de la définition du sonnet (Réf : Michèle Aquien, La versification, page 118, aux éditions "Presses Universitaires de France."

(3) Sonnet layé   Forme de sonnet ainsi appelé à cause de l'utilisation de vers courts parmi les vers longs, (Réf : comme ci-dessus, M. Aquien, page 118).

(4) Layé e l'aïet   Je vous prie d'excuser mon mauvais calembour qui, heureusement, est intraduisible en Français. Victor Hugo a écrit : Le calembour est la fiente de l'esprit qui vole." Finalement, si j'ai de l'esprit, et si cet esprit vole, je ne suis pas, peut-être, complètement perdu pour la société; tant pis pour vous s'il fiente sur votre nez.

Lou tres d'avoust seguènt, nouvèu sounet mescla de repròchi amicau, de coumplimen flatous, frucho d'un travai de recerco minucious, marco d'un ardènt soucit de verita, de perfecien, e signe d'uno voulounta escrupulousamen respetouso.

VERSIFICACIEN - VERIFICACIEN - VOUCABULARI

(A moun coulègo-pouèto Roubert Latil)

Segur, va fès esprès, pèr mi tira soucit,
De rima de sounet d'un biais pas ourdinàri,
Me lei faire legi, demanda moun vejaire,
De provo eisegi quand vous douàni d'avis.

Mai es de bouan soucit qu'óucupon l'esperit:
M'entóurni ei libras, que soun mei breviàri,
E fau bèn atencien de pas coumetre un àrri
Qu'anas verifica, farai pas l'estourdi.

Lou bèn poulit sounet qu'avès fa pèr Prouvènço,
Qu'es un sounet "layè", m'a fa, pèr escasènço
Atrouba qu'es tambèn un pouèmo "coué".

Entre quatrin, tercé, que fau chanja de sèisse,
'cò vous lou prouvarai ; e mandas ana pèisse
Lei pouèto calu que fan sei bouan voulé.

Pèire André
A « La Bastido dei QuatreAuro »
Lou tres d'avoust de 1996.

Le trois août suivant, nouveau sonnet mêlé de reproches amicaux, de compliments flatteurs, fruit d'un travail de recherche minutieux, marque d'un ardent souci de vérité, de perfection, et signe d'une volonté scrupuleusement respectueuse.

VERSIFICATION - VERIFICATION - VOCABULAIRE

(A mon collègue-poète Robert Latil)

Certainement c'est à dessein que, pour me mettre dans l'embarras, - vous rimez des sonnets d'une façon peu ordinaire,- vous me les donnez à lire, vous me demandez ce que j'en pense,- vous exigez des preuves quand je vous donne mon avis.

Mais ce sont de bons soucis qui occupent l'esprit : Je retourne à mes livres, qui sont mes bréviaires - et je prends bien garde à ne point commettre d'erreur - car vous allez vérifier, je ne ferai pas l'étourdi.

Le bien joli sonnet que vous avez fait pour Provence, qui est un sonnet "layé", m'a fait par hasard - découvrir qu'il est aussi un poème "coué".

Il faut néanmoins que la dernière syllabe du premier tercet soit de sexe opposé à la dernière du second quatrain, cela je vous le prouverai ; et envoyez donc paître – les poètes farfelus qui font leur bon vouloir.

Pierre André
A "La Bastide des Quatre Vents"
Le trois août 1996.

Lei tres V

Dins mei quatorge vers ai pas agu la plaço
Dóu pouèmo "coué" de parla un pau mai ;
Pamens iéu voudriéu pas faire aqui cambo lasso,
Se lou counouissès pas, se voulès lou verai,
Avès que de cerca dins vouàstrei diciounàri,
Diciounàri francès, que dins "Tresor" l'es pas;
Fau vous faire ajuda pèr vouastro secretàri,
E s'atroubas "coué", aurès bèn capita.

Mai se descurbès rèn, e s'avès pas de veno,
Gardarai rèn secrèt, pèr pas vous faire peno.

COUÉ

Dictionnaire "Petit Robert"

Tome 1 :... rien.
Tome 2 :... noms propres.

COUÉ (Emile):   pharmacien et psychothérapeute Français (1857-1926) ... il ouvrit à Nancy une clinique libre ou il tenta d'appliquer une technique de psychothérapie consistant à atteindre à un équilibre organique et psychique par l'autosuggestion. La méthode Coué devint bientôt célèbre ...

Les trois V

Dans mes quatorze vers je n'ai pas eu la place de parler davantage du poème "coué» ; néanmoins je ne voudrais pas laisser là mon propos,- si vous ne le connaissez pas, si vous voulez la vérité,- vous n'avez qu'à chercher dans vos dictionnaires,- mais seulement dans les dictionnaires Français, car dans le "Trésor du Félibrige" vous ne trouverez pas;- faites vous donc aider par votre secrétaire,- et si vous trouvez "coué", vous aurez de la chance.

Mais si vous ne découvrez rien, si la chance ne vous a pas souri, - je ne garderai pas le secret, pour ne pas vous faire de la peine.

COUÉ

Dictionnaire "Petit Robert"

Tome 1 :   rien
Tome 2 :   noms propres.

COUÉ (Emile): pharmacien et psychothérapeute Français (1857-1926)
    ... il ouvrit à Nancy une clinique libre ou il tenta d'appliquer une technique de psychothérapie consistant à atteindre à un équilibre organique et psychique par l'autosuggestion. La méthode Coué devint bientôt célèbre ...

Dictionnaire Larousse 7 volumes :

Coué : (adjectif). En termes de chasse, se dit des chiens à qui l'on n'a point coupé la queue.

La Versification, de Michèle Aquien (Presses Universitaires de France, Collection : Que sais-je).

>Pages 107 et 108. Dans un cas d'hétérométrie, on parle d'agencement coué (de caudatus, "à queue") pour une distribution où un vers court vient clore une séquence de rimes ... soit en fin de strophe ... soit également en milieu de strophe ...

Vaqui. Permetrès, brave coulègo, que vous fàgui presènt de la subredicho "Versification" de Michèle Aquien, que n'ai doueis eisemplàri, e adounc que vous prègui de serva pèr vous, e de n'en faire bouan usàgi. Ges de discussien, mi fa plesi.

Dins quàuquei jour vous farai teni, coumo vous va diguèri, lou librihoun de Louis Bayle : Traité de versification Provençale.

>Tenès-vous au fre, e à bèn lèu.
>Pèire André. (signa)
>A "La Bastido dei QuatreAuro"
>De Sant Jóusè de Draguignan,
>lou 4 d'avoust de 1996.

Dictionnaire Larousse 7 volumes :

Coué : (adjectif). En termes de chasse, se dit des chiens à qui l'on n'a point coupé la queue.

La versification, de Michèle Aquien (Presses Universitaires de France, Collection : Que sais-je).

> Pages 107 et 108. Dans un cas d'hétérométrie, on parle d'agencement coué (de caudatus, "à queue") pour une distribution ou un vers court vient clore une séquence de rimes ... soit en fin de strophe ... soit également en milieu de strophe ...

    Voilà. Vous permettrez, brave collègue, que je vous fasse présent de la susdite "Versification" de Michèle Aquien, j'en ai deux exemplaires, et donc que je vous prie de conserver, et d'en faire un bon usage. Pas de discussion, cela me fait plaisir.

    Dans quelques jours je vous ferai tenir, comme je vous l'avais dit, le petit livre de Louis Bayle : Traité de versification Provençale.

Tenez-vous au frais, et à bientôt
Pierre André. (signé)
A "La Bastide des Quatre Vents
De Saint Joseph de Draguignan
le 4 août 1996.

Mèti pas en doute la règlo que vòu que, dins un sounet, la proumiero silabo dóu proumié tercé siègue de sèisse óupousa à la darriero dóu segound quatrin. Es pamens verai qu'eisisto de sounet que fan derougacien à-n-aquelo règlo.

N'ai trouba, à l'asard quàuqueis-un encò de J.Du Bellay dins sei "Regrets", LXXXVI, ounte escriéu soun amarun e sa lagno d'èstre aluencha de soun païs natau. Lou meme autour, dins leis "Antiquités", XIV, s'endigno de l'indecènci de sei countempouran que trapien sènso vergougno sus lei grandasso e respetablo rouino Roumano.

Ai trouva tambèn encò de Ronsard aquéu sounet que fugué, es verai, leva de seis obro en 1578, belèu pèr l'encauvo de la dispousicien irreguliero dei rimo; Cassandre Salviàti n'en fugué segu l'ispiratriço bord que lou pouèto lou publiqué en 1555 dins un recuei de sounet titra "Amours de Cassandre" que debuto 'm'aquéu vers: "Je veux lire en trois jours l'Iliade d'Homère" … e que si pòu trouba dins leis obro dóu "Poète des Amours "

Tres cènts an après, Arthur Rimbaud a fa, éu mai aquéu sounet: "Voyelles" qu'es tambèn irregulié, e que s'atrobo dins la serio "Poésies" (Mercure de France, éditeur).

Vaqui ce qu'auriéu vougu rebrica à moun ami. Fin finalo, après refleissien, carguèri 'n grand chut e gardèri pèr iéu aquèlei asseguranço pleno de sòtei pretencien.

Je ne mets pas en doute la règle qui veut que, dans un sonnet, la première syllabe du premier tercet soit de sexe opposé à la dernière du second quatrain. Il n'est pas moins vrai qu'il existe des sonnets qui font dérogation à cette règle.

J'en ai trouvé quelques uns chez J. Du Bellay dans ses "Regrets", LXXXVI, où il écrit son amertume et sa peine d'être éloigné de son pays natal. Le même auteur, dans "Antiquités", XIV, s'indigne de l'indécence de ses contemporains qui foulent aux pieds sans vergogne les grandioses et respectables ruines romaines.

On trouve aussi chez Ronsard ce sonnet qui fut, - il est vrai - retiré de ses œuvres en 1578, peut-être à cause de la disposition irrégulière de ses rimes ; Cassandre Salviati en fut sans doute l'inspiratrice car le poète le publia en 1555 dans un recueil de sonnets titré: "Amours de Cassandre", et qui débute par ce vers: "Je veux lire en trois jours l'Iliade d'Homère", et qui se trouve dans les œuvres du "Poète des amours".

Trois cents ans après, Arthur Rimbaud a écrit ce sonnet : "Voyelles", qui est, lui aussi irrégulier et que l'on peut trouver dans la série: "Poésies" (Mercure de France, éditeur).

Voilà ce que j'aurais voulu répliquer à mon ami. Mais finalement, après réflexion, je n'en fis rien, et je gardai pour moi ces vaines assurances pleines de sottes prétentions.

Quouro aguèri proun leissa si denebla meis idèio, óublidant nouàstreis amicàlei garrouio, e tant lèu reçu lei presènt anouncia, mi metèri en devé de gramacia moun ami.

Après un brigoun de tèms en chancello pèr trouva lou biais lou mai simple, lou plus calourous, sènso pèr acò faire l'arlèri e douna dins uno óuriginaleta descounvenènto e ninoio, mi metèri en cerco de quàuquei vers barrò que l'amusarien belèu, que n'en destriarié lou gàubi ajougui, e que saurié aprecia coumo un óumàgi respetous vengu dóu founs de moun couar.

A moun ami pouèto Pèire André

M'avès segu subre-estima
Quand vous sias fa moun ounouraire,
Iéu que devriéu vous ounoura ...
M'avès douna vouastre vejaire,
Vouastre tèms m'avès proudiga.
Segu, m'avès subre-estima.

Iéu que siéu qu'un rimassejaire,
Fouaro règlo e sènso coumpas,
Que bèn souvènt diéu moun afaire
Avant d'agué bèn carcula.
M'avès reçu coumo un troubaire,
Iéu que siéu qu'un rimassejaire.

Lorsque j'eus repris le fil de mes idées, oubliant nos amicales querelles, et sitôt reçus les présents annoncés, je me mis en devoir de remercier mon ami.

Après un temps d'hésitation pour en trouver la façon la plus simple, la plus chaleureuse, sans pour cela tomber dans une originalité inconvenante et naïve, je me mis en recherche de quelques vers baroques qui l'amuseraient peut-être, dont il saisirait sûrement la facture enjouée, et qu'il apprécierait comme un hommage venu du fond de mon cœur.

A mon ami poète Pierre André

Vous m'avez certainement surestimé – lorsque vous avez fait mon éloge - moi qui devrais vous honorer - vous m'avez prodigué vos conseils et votre temps - Pour sûr, vous m'avez surestimé.

Moi qui ne suis qu'un rimailleur - hors normes et sans compas - qui bien souvent m'exprime - avant d'avoir bien réfléchi - Vous m'avez reçu comme un poête, - moi qui ne suis qu'un rimailleur.

Quouro un counsèu v'ai demanda,
M'avès pas di : "anas vous jaire!"
Tout l'encountràri, sias ana
Dins vouastro librarié mi traire
De doucumen à voulounta,
Quouro un counsèu v'ai demanda.

Quand sias neissu dins lou terraire,
E que sias fa pèr coutreja,
Counvèn pas d'èstre cansounaire,
Pas mai que de vougué rima,
E vau bèn miés mena l'araire,
Quand sias neissu dins lou terraire.

Degun pòu dire que s'es fa.
Es ensin que m'a fa ma maire,
E iéu siéu fa pèr pantaia.
Aquéu que naisse pantaiaire,
Que laisse soun esprit landa !
Degun pòu dire que s'es fa.

Quant à iéu me n'en prìvi gaire
Quand coutrèji, de cansouna;
E se moun coutre va de caire,
E se pourquèji moun presfat,
Acò s'apren que siéu cantaire,
E que iéu me n'en prìvi gaire.

Lorsque je vous ai demandé conseil - vous ne m'avez pas éconduit - mais au contraire, vous m'avez très obligeamment ouvert votre bibliothèque, et fourni de nombreux documents – lorsque je vous ai demandé conseil.

Quand on est né dans le terroir - et qu'on est fait pour labourer - il n'est pas plus convenable d'être chansonnier - que de vouloir écrire des vers - et il vaut bien mieux conduire la charrue - quand on est né dans le terroir.

Personne ne peut dire qu'il s'est fait lui même - C'est ainsi que m'a fait ma mère - et moi je suis fait pour rêver - Celui qui nait rêveur - qu'il laisse son esprit vagabonder - personne ne peut dire qu'il s'est fait lui même.

Quant à moi, je ne m'en prive guère – de chansonner quand je laboure - et si ma charrue va de travers - et si je fais du mauvais travail - c'est assurément parce que je chante – et que moi je ne m'en prive guère.

Pèr n'en reveni de parla,
Coumo dirié Ubert, moun fraternau coumpaire,
Auriéu pouscu vous gramacia
Pèr vouàstrei judicious e franc counsèu de fraire,
E de vouàstreis amableta,
De plus simplo façoun, mai va sàbi pas faire;
Adounc vous prègui d'aceta,
De la tras qu'umblo part d'un fadèu recercaire,
Acò qu'es un "coué" mai que va sabiéu pas,
E tambèn un "layé" qu'ignouràvi, pecaire !

Mai dins lou librihoun que m'avès dedica,
De l'aprendis versificaire,
E bord que siéu curious e pas mau sarnihaire,
Emé fouarço estrambord, moun bouanur ai trouva.
Crèsi bèn que sara moun fidèu ajudaire;
M'agrado, et tout d'un tèms l'ai fouarço gaubéja,
Siegués n'en bèn remercia.

E puei lou quicho-clau, que l'ai pas fa pèr plaire,
Mai, coumo dis Ubert, moun fraternau compaire,
Pèr n'en reveni de parla.

Ma fremo e iéu vous dian, ensin qu'à Madamo, nouastro amista.

Roubert Latil.

La Mouto,
Lou douge d'avoust dès e-nòu cènt nouananto-sièis.

Pour en revenir au fait – comme dirait Hubert, mon fraternel compère - j'aurais pu vous remercier – pour vos judicieux et francs conseils de frère – et vos amabilités – de plus simple façon, mais je n'ai pas la manière - et donc je vous prie d'accepter - de la très humble part d'un original rêveur - cette chose qui est un "coué" sans que je le sache - ainsi qu'un "layé" que j'ignorais hélas !

Mais dans le petit livre que vous m'avez offert et dédicacé – de l'apprenti versificateur - étant curieux et passablement fouineur, - j'ai trouvé mon bonheur avec grand enthousiasme - Je crois bien qu'il sera mon fidèle auxiliaire - Il me plaît beaucoup, et je l'ai déjà passablement usé -soyez-en bien remercié.

Et voici enfin la conclusion, sinon pour plaire - mais, comme dit Hubert, mon fraternel compère - pour en revenir au fait –

Ma femme et moi, nous vous disons, ainsi qu'à Madame, notre amitié.

Robert Latil.

*La Motte,
le douze août mille neuf cent nonante-six.*

Ensin s'acabara aquelo entrouducien ounte primo e segnourejo la presènci de Pèire André.

En esbrudissènt quauquèis-uno de sei pajo, ai pas trahi de counfidènci, ni desvela de secrèt, bord qu'avié publica éu-meme uno de nouàstrei courrespoundènci, à la pajo 226 de l'"Ave d'Estello", oubràgi edita pèr l'assouciacien "Parlaren-Var", que n'èro l'èime e l'un dei pivèu, e que presidavo nouastre ami regreta Louis Leocard.

Moun entencien èro pas de faire soun apoulougìo, pas mai que de vougué canta sei elògi, mai pamens mi chagrinavo l'idèio de leissa durmi au founs d'un tiradou aquélei pajo tant bèn pensado, reflechido, aliscado, saupicado d'umour, e que m'avié tant amistousamen adreissado.

Es adounc à l'esprès que leis ai enclauso dins moun entrouducien en meno de prefàci, pèr fin que, tant qu'es poussible, sa memòri rèste vivo e presènto dins l'èime de tout-aquèlei que l'an couneissu; pèr que, tambèn, uno partido de soun obro siegue legido e apreciado, pèr qu'enfin uno flour de soun ouart subrevisque flourido, e que lei Quatre Auro de sa bastido nous adugon long-tèms soun agradivo óudour.

R.L.

Ainsi s'achèvera cette introduction où domine la présence et le souvenir de Pierre André.

En divulguant quelques-unes de ses pages, je n'ai dévoilé aucune confidence, ni trahi aucun secret, puisqu'il avait publié lui-même une de nos correspondances, à la page 226 de l'"Ave d'Estello", ouvrage édité par l'association "Parlaren-Var", dont il était l'âme et l'une des chevilles ouvrières, et que présidait notre ami regretté Louis Léocard.

Mon intention n'était pas de faire son apologie, pas plus que de vouloir chanter ses louanges, mais néanmoins j'aurais eu beaucoup de peine à l'idée de laisser dormir pour toujours au fond d'un tiroir ces pages si bien pensées, réfléchies, polies, saupoudrées d'humour, et qu'il m'avait aussi amicalement adressées.

C'est donc bien intentionnellement que je les ai incluses dans mon introduction en guise de préface, afin que, autant qu'il sera possible, sa mémoire reste vive et présente dans l'esprit de tous ceux qui l'ont connu ; pour que, pareillement, une partie de son œuvre soit lue et appréciée, pour qu'enfin une fleur de son jardin survive fleurie, et que les quatre vents de sa bastide nous apportent longtemps son agréable odeur.

R.L.

A moun ami Pèire André

A *la Bastido dei Quatre Auro de Sant-Jóusè de Draguignan.*

Ai panca fa ma setembrado,
Lou rasin es pas proun madu,
Mai quouro rajara loue jus,
Lou béurai à la regalado.

Lei pèd tanca à la muraio,
E la tèsto souto l'usset,
N'en chimarai tant qu'aurai set
Vo que s'estagne ma fustaio.

Cantarai souto la barrico
Pèr la glòri dóu vin nouvèu,
Pèr que noun seque moun tounèu,
E que visque la Republico.

Rapataplan
Lagadoun
Tagaligadèro
A l'agachoun
Sauto lou boundoun
Tagalagadoun,

Vougne-mi lou
Gargamèu
Tagaligadèro
Que moun tounèu
Va seca bèn lèu
Tagaligadèu ;

A mon ami Pierre André

A la Bastide des Quatre Vents de Saint-Joseph de Draguignan.

Je n'ai pas encore fait la vendange, - le raisin n'est pas assez mûr, - mais lorsque le jus coulera, - je le boirai à la régalade.

Les pieds contre la muraille, - et la tête sous le robinet, - j'en boirai tant que j'aurai soif, - ou que tarisse ma futaille.

Je chanterai sous la barrique, - pour la gloire du vin nouveau, - pour que jamais ne sèche mon tonneau, - et que vive la République.

Rapataplan
Lagadoun
Tagaligadèro
A l'agachoun
Sauto lou boundoun
Tagalagadoun.

Oins-moi la
Gargamelle
Tagaligadèro
Car mon tonneau
Va sécher bien vite
Tagaligadèu.

Vougne-mi lèu la gargamello
Que la patrìo es en dangié
Que lou drapèu es en limbèu
Vougne-mi lèu
Lou gargamèu.

Acabado mei bacanalo,
M'en anarai recampadis
Au vignarés dóu paradis
Pèr leis endùmi eternalo.

La Mouto, lou vinto-dous de setèmbre
Milo nòu cènt nouananto-sièis.

*O*ins-moi vite la gargamelle - car la patrie est en danger - et le drapeau est en lambeaux – oins-moi vite la gargamelle.

*A*chevées mes bacchanales, - je m'en irai vigneron nouveau venu - dans le paradis – pour les vendanges éternelles.

La Motte, le vingt - deux septembre
mille neuf cent nonante-six.

A Mounico pèr sei seissanto an

Mounico, à vouastre entour, voulèn, tóutei ensèn,
Faire mounta au ciel, pèr vouastre anniversàri,
Nouàstrei vot lei plus car, coumo un prefum d'incèns,
Pèr que lou Diéu d'Amour vous garde deis auvàri.

Pèr que lou gai printèms, l'estiéu e sei calour,
Vous duerbon l'ourizoun d'uno vido nouvello,
Per afin que l'autoun e sa douço langour
Siegue deman pèr vous la sesoun la plus bello.

Que dins vouastre jardin vèngon coumo un raioun,
De flour de tout prefum, d'aucèu de touto espèço,
Coumo dins vouastre oustau vènon, gai parpaioun,
Vouàstrei pichoun-nebout e vouastro rèire-nèço.

Regalas-vous long-tèms de sei claro candour;
Soun la flour de la vido e l'innoucènço puro;
Sias pèr élei tambèn uno auro de douçour,
Un amour tout douna, un couar sènso mesuro.

Se poudiéu retrouba moun lengàgi d'enfant,
Te n'en fariéu de bèu de pouèmo en musico!
E se mi revenié moun amo de cinq an,
Segur sariéu plus simple aquéstou souar, Mounico.

Mai vous ai tuteiado! acò 's incounvenènt !
Sarié-ti pèr asard l'efèt de la bouteio ?
Noun! mai coumo un enfant redevèni innoucènt ;
Es tant qu'es innoucènt qu'un enfant vous tuteio.

La Mouto,
Lou sèt de febrié milo nòu cènt nouananto-vue.

A Monique pour ses soixante ans

*M*onique, à votre entour, nous voulons, tous ensemble, - faire monter au ciel pour votre anniversaire, - nos vœux les plus chers, comme un parfum d'encens, - pour que le Dieu d'Amour vous garde des misères.

*P*our que le gai printemps, l'été et ses chaleurs, - vous ouvrent l'horizon d'une vie nouvelle, - pleine de charme, et que l'automne et sa langueur -soit demain pour vous la saison la plus belle.

*Q*ue dans votre jardin viennent comme un rayon, - des fleurs de tous parfums, d'oiseaux de toutes espèces, - comme dans votre maison viennent, gais papillons, - vos petits-neveux et votre petite-nièce.

*R*égalez-vous longtemps de leur claire candeur ; - Ils sont la fleur de la vie et l'innocence pure ; - Comme vous êtes pour eux une brise de douceur, - un amour tout donné, un cœur sans mesure.

*S*i je pouvais retrouver mon langage d'enfant, - je t'en ferais de beaux poèmes en musique ! - Et si je retrouvais mon âme de cinq ans, - pour sûr je serais plus simple ce soir, Monique.

*M*ais je vous ai tutoyée ! c'est très inconvenant ! - Serai-ce par hasard l'effet de la bouteille ? - Non ! mais comme un enfant je redeviens innocent, - c'est tant qu'il est innocent qu'un enfant vous tutoie.

La Motte,
Le sept février mille neuf cent nonante-huit.

Bouanur

Ai vougu t'aganta, bouanur embelinaire,
Un jour que, fouligaud, dansaves sus lou prat.
Cresiéu t'agué sesi, esperitoun landaire;
Tenguèri qu'uno masco enclauso dins mei bras.

Un jour que, fouligaud, dansaves sus lou prat,
Vesti de long chivu, de nèblo, de mistèri;
Tenguèri qu'uno masco enclauso dins mei bras,
Quouro, à dansa 'mé tu, dessena, mi metèri.

Vesti de long chivu, de nèblo, de mistèri,
Fugitivo ilusien e miràgi furtiéu;
Quouro, à dansa 'mé tu, dessena, mi metèri,
Veguèri moun pantai deveni pèis d'abriéu.

Fugitivo ilusien e miràgi furtiéu,
Lagno d'un matin blave un endeman de fèsto;
Veguèri moun pantai deveni pèis d'abriéu,
Que danso enca pèr fes - lou glàri - dins ma tèsto !

Lagno d'un matin blave un endeman de fèsto;
Aro que, de ma vido vèn lou calabrun,
Que danso enca pèr fes - lou glàri - dins ma tèsto,
Mi souvèni qu'un jour, estavani, enfrun,

Aro que, de ma vido vèn lou calabrun,
Aro qu'ai de bouanur à n'en saché que faire,
Mi souvèni qu'un jour, estavani, enfrun,
Ai vougu t'aganta, bouanur embelinaire.

La Mouto, mars 1997

Bonheur

*J'ai voulu t'attraper, bonheur aux cent visages,
un jour où tu dansais, folâtre, dans le pré;
Croyant t'avoir saisi, petit lutin volage,
je ne tins qu'un désir en mes bras enfermé.*

*Un jour où tu dansais, folâtre dans le pré,
vêtu de longs cheveux, de brume et de mystère,
je ne tins qu'un désir en mes bras enfermé,
quand je fis avec toi une danse éphémère.*

*Vêtu de longs cheveux, de brume, de mystère,
décevante illusion et mirage furtif;
Quand je fis avec toi une danse éphémère,
tu ne fus plus, soudain qu'un leurre fugitif.*

*Décevante illusion et mirage furtif,
dégoût d'un matin blême un lendemain de fête,
tu ne fus plus, soudain qu'un leurre fugitif...
Il danse encor parfois, le spectre dans ma tête !*

*Dégoût d'un matin blême un lendemain de fête ;
Maintenant qu'à ma porte est arrivé le soir,
il danse encor parfois, le spectre dans ma tête !..
Je me souviens qu'un jour, pâle sous le ciel noir,*

*Maintenant qu'à ma porte est arrivé le soir
et que j'ai du bonheur à foison, sans partage, -
je me souviens qu'un jour, pâle sous le ciel noir,
j'ai voulu t'attraper, bonheur aux cent visages.*

La Motte, mars 1997.

*A nostre ami Enri Novellas
Decoura de la cigalo d'argènt à Cabasso
lou vue de febrié milo nòu cènt nouananto-sèt;
Emé nouàstrei coumplimen*

Cigalo d'Enri

En febrié flouris l'amendié,
A la Sant-Jan d'estiéu, la cigalo es neissudo,
Mai au peïs de la coucourdo cabassudo,
La cigalo naisse en febrié.

Aquelo que vèn d'espeli
Dins lou gelibre espés e la frejo neblasso,
Fa deja restounti lou relarg de Cabasso,
De sei mirau entrefouli.

A Vins, un jour, en frenissènt
D'amour, fara brusi sei fino cimbaleto,
Pèr veni saluda sa gènto cigaleto
Sus lou camin de Sant-Vincèns.

Toujour 'm'un grand devouamen,
Tant pèr óufri soun sang que pèr faire l'escolo,
La sabo qu'a teta dins leis isclo d'Issolo,
La douno generousamen.

Mando sa crido fouart e aut,
Que va repercuti dins touto l'encountrado,
La lengo nouastro à brand, pèr amèu e bourgado
E pèr vilàgi e pèr oustau.

A notre ami Henri Novellas
Décoré de la cigale d'argent à Cabasse le 8 février 1997.
Avec tous nos compliments.

Cigale d'Enri

En février fleurit l'amandier, - à la Saint-Jean d'été la cigale est née, - mais au pays de la "Coucourde Cabassude", - la cigale naît en février.

Celle qui vient d'éclore, - dans l'âpre gelée et la froide brume, - fait déjà retentir le terroir de Cabasse - de ses airs enjoués.

A Vins, un jour, en frémissant - d'amour, elle fera bruire ses fines cymbales, - pour venir saluer sa gentille cigalette, - sur le chemin de Saint-Vincent.

Toujours avec un grand dévouement, - tant pour offrir son sang que pour mener école, - la sève qu'elle a tétée dans les grèves d'Issole, - elle la dispense généreusement.

Elle lance haut et fort sa criée, - qui va répercuter dans toute la contrée, - notre langue à toute volée par hameaux et bourgades, - et par villages et par maisons.

M'a di, galoio, souto vouas:
"Coumo tu, Prouvençau, nous-àutrei lei cigalo,
Avans de gaubeja la lengo prouvençalo,
Avèn toujour charra patouas."

"D'ensignadou, bèn pau n'avian,
La séuvo èro l'escolo e nouàstrei grand, lei libre;
Ignouravian qu'èro la lengo dei felibre
Qu'à nouastro modo parlavian."

Encuei, cigalo e cigaloun,
Pèr la canta plus fouart, soun devengu cantaire,
Pèr la porta plus luen si soun fa barrulaire,
Farandoulaire, fouletoun.

Quand puei vendra lou calabrun,
Tapa de soun mantèu la séuvo dourmihouso;
Pantaiant d'infini e de mar serenouso,
Poutouneja pèr leis embrun,

Vougant alor dins la clarta,
Cigalo e cigaloun largaran la grand-velo,
Avans de s'endraia sus un camin d'estello,
Vers un amour d'eternita.

Elle m'a dit, enjouée, à mi-voix : - "Comme toi, Provençal, nous autres les cigales, - avant de manier la langue provençale, - nous avons parlé patois".

Nous avions bien peu d'enseignants ; - La forêt était l'école, et nos grands-parents, les livres. - Nous ignorions que c'était la langue des félibres - qu'à notre façon nous parlions.

Aujourd'hui, cigales et cigalons, - pour la chanter plus fort, sont devenus choristes, - pour la porter plus loin, se sont faits saltimbanques, - farandoleurs, farfadets.

Lorsqu'enfin viendra le crépuscule, - couvrir de son manteau la colline endormie ; - Rêvant d'infini et de mer sereine, - caressés par les embruns.

Voguant alors dans la clarté, - cigales et cigalons largueront la grand-voile, - avant de mettre le cap sur un chemin d'étoiles, - vers un amour d'éternité.

*A Glaude Coste, ounoura de la cigalo d'argènt
dóu Felibrige, pèr la Santo-Estello que si debané
à Sant-Rafèu, dóu 29 de mai au 2 de jun milo nòu cènt nouananto-vue.*

Cigalo de Glaude

La Santo-Estello aquesto annado,
Qu'à Sant-Rafèu tengué saloun
A travers soulèu e pluiado,
Sus mar, pèr coualo e pèr valoun,
Viguè s'enrichi la Pleiado
D'uno niado de cigaloun,
La bello estello à sèt raioun
Qu'à Sant-Rafèu s'es debanado.

Dins la direicien de l'Issolo,
Un cigaloun dei mai bouiènt
Si meté dins la cabassolo
De carga velo sus Argèns;
Sènso carto, sènso boussolo,
'mé tant d'enfrun que pau d'argènt,
Remounté devers lou sourgènt
Jusqu'au jougnènt de la Cassolo.

A Carce si fasié regalo,
Se li rendé, crebant de fam,
Pèr quista 'n'aumourno frugalo.
Si va pausa sus lou piés blanc
D'un troubadour que si regalo:
"Venès vèire!" creidè un enfant:
"Sus lou pitre d'un elefant
An rapega uno cigalo !"

A Claude Coste, honoré de la cigale d'argent du Félibrige, à la Santo-Estello qui se tint à Saint Raphaël du 29 mai au 2 juin 1998.

La Cigale de Claude

La "Santo-Estello" cette année - qui, à Saint-Raphaël tint salon - à travers soleils et orages, - sur mer, dans les collines et dans les vallons, - vit s'enrichir la Pléiade - d'une nichée de cigalons, - la belle étoile à sept rayons - qui, à Saint-Raphaël s'est tenue.

Dans la direction de l'Issole, - un cigalon des plus ardents, - se mit en tête - de mettre la voile sur l'Argens ; - sans carte, sans boussole, - avec autant d'enthousiasme que peu d'argent, - il remonta vers la source - jusqu'au confluent de la Cassole.

A Carcès c'était la fête, - il s'y rendit, affamé, pour y demander une humble aumône. - Il va, étourdi, se poser sur la poitrine blanche - d'un troubadour en fête. - "Venez voir !" cria un enfant ; - "Sur le poitrail d'un éléphant - on a collé une cigale!"

Ensin quihado, vergougnouso,
Tresanant d'un vounvoun sutiéu,
N'en toumbé subran amourouso,
E soun regard amiratiéu
Lou caressavo benurouso.
Entre chasque poutoun furtiéu,
La cantarello deis estiéu
Cascarelavo impetuouso :

"Conto, ramento, barrulaire
Ce qu'en tèsto ti pòu passa,
Canto la lengo dei troubaire,
Toun alen dèu pas remeissa;
L'èime e l'ounour de nouàstrei paire
Dins l'escorno soun tirassa;
Siés la memòri dóu passat,
Campano-la, campanejaire !

Coumo aquéu qu'anavo coumbatre,
(Lou foulas !) de moulin de vènt;
Pèr sa damo s'anavo batre
E s'espeiavo proun souvènt.
Tu que ti bates coumo quatre
Pèr que gardon, nouàstrei jouvènt,
Un pau de fe dins l'an que vèn,
Que lou tron noun vèngue t'abatre ! "

Ainsi perchée, honteuse, - exultant d'un bourdonnement subtil, - elle en tomba aussitôt amoureuse. – et son regard admiratif – le caressait bienheureux. - Entre chaque baiser furtif, - la chanteuse des étés - babillait, impétueuse :

"Raconte, troubadour, - parle des souvenirs qui bouillonnent dans ta tête ; - chante la langue des trouvères ; - ton souffle ne doit pas cesser. - L'âme et l'honneur de nos pères - sont tournés en dérision. - Tu es la mémoire du passé, - carillonne-la, carillonneur !

Pareil à celui qui allait combattre, - (le fou !) des moulins à vent ; - Pour sa dame il allait se battre - et, bien souvent il s'écorchait ! - Toi qui te bats comme quatre - pour que nos jeunes gardent - un peu de foi dans l'an qui vient, - que jamais aucun tonnerre ne vienne t'abattre !"

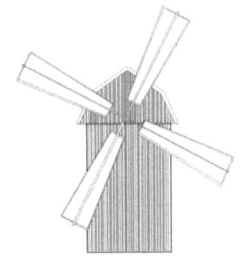

La vièio cepo que regreio,
Si reviéudo au printèms nouvèu,
E, dóu muguet sèmpre coungreio
Au mes de mai lou cascavèu.
Tu, coumo lou gau que deveio,
Fai rampela ton clar pivèu,
Mando-lou ei plus aut nivèu,
Siés d'uno raço que racejo."

Alor, 'mé sa drudo assuranço,
Ardènt e viéu coumo un bouquet,
Retroubant sa vèrbo d'enfanço,
Lou troubadour li rebriqué :
"Pèr reviéuta leis esperanço,
Esparpeluga lei quinquet,
E rejouini lei vièi souquet,
Cigalounet, fai-mi fisanço !

A l'ourizoun s'aubouro uno jouvènço fièro,
Que s'abéuro, assedado, ei sourgènt peirenau,
E tasto avidamen ei valour vertadiero;
Pèr escleira sa routo, abrarai lou fanau,
Sarai predicadou, mountarai en cadiero,
Farai clanti pertout nouastre acènt maternau,
Sarai lou pelegrin dóu relarg prouvençau,
E portarai, se fau, la crous e la bandiero !"

La Mouto, lou 24 d'óutobre 1998

Le vieux cep qui regerme - se revivifie au printemps nouveau, - et, du muguet, toujours renaît - au mois de mai le grelot. - Toi, comme le coq qui réveille, - bat le rappel, - envoie-le aux plus hauts niveaux, - tu es d'une race de lutteurs."

Alors, avec sa ferme assurance, - ardent et vif comme un jeune bouc, - retrouvant sa verve d'enfance, - le troubadour lui répliqua : - "Pour redonner vie aux espérances, - pour dessiller les yeux clos et rajeunir les vieilles souches, - petit cigalon, fais-moi confiance !

A l'horizon se lève une jeunesse fière, - qui s'abreuve, assoiffée, aux sources des anciens, - et goûte avidement aux vraies valeurs ; - Pour éclairer leur route, j'allumerai le flambeau, - je me ferai prédicateur, je monterai en chaire, - je ferai retentir partout notre accent maternel, - je serai pèlerin dans le pays provençal, - et je porterai, s'il le faut, la croix et la bannière !"

La Motte, le 24 octobre 1998.

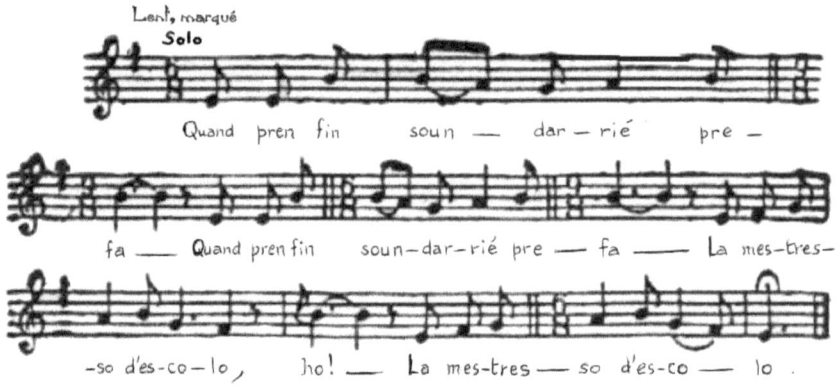

Coumplancho de la mestresso d'escolo

Quand pren fin soun darrié presfa, (bis)
La mestresso d'escolo, oh !(bis)

Quand lou soulèu a trecoula,(bis)
E que soun rai s'envolo, oh !(bis)

Davans seis uei vènon dansa(bis)
D'estràngei parpaiolo, oh !(bis)

A regarda parti Toumas,(bis)
A regarda Julìo, oh !(bis)

Ounte anaran fa tèsto ? ai las !(bis)
Que devendra Silvìo ? Oh !(bis)

An pas agu la bouano part(bis)
Au festin de la vido, oh !(bis)

Complainte de la maîtresse d'école

*Lorsque prend fin son dernier cours, (bis)
La maîtresse d'école, oh ! (bis)*

*Quand le soleil disparaît à l'horizon, (bis)
Et que son troupeau s'envole, oh ! (bis)*

*Devant ses yeux viennent danser (bis)
D'étranges papillons, oh ! (bis)*

*Elle a regardé partir Thomas, (bis)
Elle a regardé Julie, oh ! (bis)*

*Où iront-ils échouer ? Hélas ! (bis)
Que deviendra Sylvie ? Oh ! (bis)*

*Ils n'ont pas eu la bonne part (bis)
Au festin de la vie, oh ! (bis)*

Quand lou darrié s'es enana,(bis)
Que s'atrobo souleto, oh !(bis)

Mestresso, alor plan, plan s'en va,(bis)
E soun couar li tremoualo, oh !(bis)

Aquelo qu'a pas tremoula(bis)
Quand vèn que souano l'ouro, oh !(bis)

De la destresso d'un nistoun(bis)
Que d'escoundoun si plouro, oh !(bis)

A jamai vist davans seis uei(bis)
Dansa de parpaiolo, oh !(bis)

La Mouto, Lou proumié de juliet milo nòu cènt nouananto-vue.

A Mounico, pèr soun despart à la retrèto

Aquelo coumplancho si dèu canta sus l'èr
" Quand le bouvier vient du labour " -

Quand le dernier est parti, (bis)
Qu'elle se retrouve seule, oh ! (bis)

Maîtresse alors, bien doucement s'en va, (bis)
Et son cœur tremble, oh ! (bis)

Celle qui n'a pas frémi (bis)
Quand sonne l'heure de la retraite, oh ! (bis)

De la détresse d'un enfant (bis)
Qui, en cachette pleure, oh ! (bis)

N'a jamais vu devant ses yeux (bis)
Danser des papillons, oh ! (bis)

La Motte, le premier juillet mil neuf cent nonante-huit.

A Monique, pour son départ à la retraite.

Cette complainte se chante sur l'air :
" Quand le bouvier vient du labour "
mais seulement en provençal.

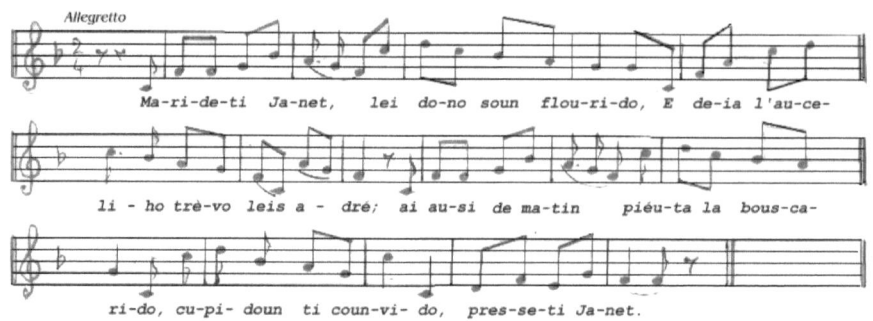

Janet

Marido-ti, Janet, lei dono soun flourido,
E deia l'auceliho trèvo leis adré ;
Ai aussi de-matin piéuta la bouscarido,
Cupidoun ti counvido, presso-ti, Janet.

Fai lèu, cascarelet, que la flour de ta vido,
Deman sara passido, paure galinet !
Aviso lou bouanur que lando à l'avalido ;
Avans que s'avalisse, aganto-lou, Janet.

Urous siés-ti, Janet se ta fremo es urouso,
Suavo, souleiouso emé de bouan vougué,
E se pèr aventuro es un brigoun jalouso,
Provo qu'es amourouso, siés urous Janet.

Mai t'enverines pas s'es un pau fenestriero,
Basaruto un brisoun, pougnènto quàuquei fes,
Mai que dins soun fouguié siegue bouano fourniero,
E que dins la cousino cante lou grihet.

Janet

*M*arie-toi, Janet, les narcisses sont fleuris, - et déjà l'oiselet fréquente les adrets, - j'ai ouï ce matin pépier la fauvette, - Cupidon te convie, presse-toi, Janet.

*P*resse-toi, étourdi, que la fleur de ta vie, - demain sera flétrie, pauvre joli-coeur ! - Avise le bonheur qui court à l'horizon ; - Avant qu'il disparaisse, attrape-le, Janet.

*H*eureux es-tu, Janet si ta femme est heureuse, suave, sereine, pleine de bonne volonté ; - Et si, par aventure, elle est un peu jalouse, - cela prouve qu'elle est amoureuse, heureux es-tu Janet.

*N*e t'inquiète pas si elle bavarde quelquefois sa fenêtre, - ou si elle est piquante parfois, - pourvu qu'à son foyer elle soit fidèle, - et que dans la cuisine chante le grillon.

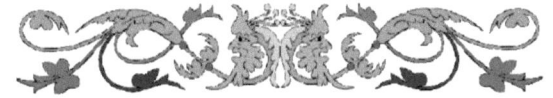

Se ta fremo es pèr tu, d'amour avangoulido,
La deçaupes jamai, countènto-la, Janet :
E se pèr subre-tout ta couloumbo es poulido,
Marfiso-ti qu'en l'èr viro l'escruvelet !

Se li pouas pas óufri un oustau de mestresso,
Pèr causo que poussèdes qu'un paure oustaloun,
De toun paure oustaloun fai - n'en la segnouresso,
Que siegue uno princesso dins toun cabanoun.

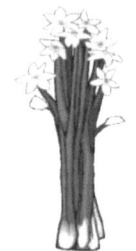

Pèr que siegue ravoio e jamai renarello,
Un ditoun judicious dis que : "la fau teni
Ouncho coumo la rodo e coumo la carrello."
- Siguèsse pas 'n ouracle ti v'auriéu pas di !

E quouro aurès viscu vouastro vido vidanto,
Qu'aurès manja ensèn uno eimino de sau,
E, la man dins la man, coumo amant e amanto,
Aurès proun ribeja l'amarun e la gau ;

Qu'alor vouastre fougau siegue un fougau de joio,
Embuga de soulèu, assegura de fe,
Vouàstreis enfant drudet e sa maire galoio ;
Vaqui ce que moun couar ti souvèto, Janet

La Mouto,
milo nòu cènt nouananto-sièis.

Si ta femme est pour toi tendrement amoureuse, - ne la déçois jamais, contente-la, Janet, - et si, de surcroît, ta colombe est jolie, - prends garde à l'épervier qui tournoie dans l'air.

Si tu ne peux pas lui offrir une demeure de maîtresse, - parce que tu ne possèdes qu'une pauvre petite maison, - de ta pauvre petite maison fais-en la souveraine ; - Qu'elle soit une princesse dans ton cabanon.

Pour quelle soit alerte et ne soit pas grincheuse, - un dicton judicieux dit : " Qu'il faut la tenir - ointe comme la roue et comme la poulie. " - Si cela n'eût été un oracle, je ne te l'aurais pas dit ! -

Et quand vous aurez vécu votre vie, - mangé ensemble un grand sac de sel, - et la main dans la main, comme amant et amante, - marché à travers peines et joies ;

Qu'alors votre foyer soit un foyer de joie, - imbibé de soleil, conforté par la foi, - vos enfants bien portants et leur mère joyeuse, - voilà ce que mon cœur te souhaite, Janet.

La Motte,
mille neuf cent nonante-six.

Moun grand

La resoun de moun grand declino:
Sarié-ti devengu calu!
Pèr si broussa lei dènt, si mete nud,
Puei escupisse fouaro la bassino.

Mau-grat sa fatigo endemico,
Vòu pas vèire lou medecin,
E mi fa peno de lou vèire ensin;
Li farié tant bèn, un pau de medico.

A bello à n'en faire un mistèri,
Viéu, noun-oustant soun èr acort,
Qu'a pas mau de peno à veni dóu cors,
E que li faudrié belèu un cristèri.

S'enva, lei nue de luno fouarto,
Bracouneja lèbre e senglié.
Dèu pas resta fouarço tèms dins soun lié!
Pas proun d'acò, clavo jamai la pouarto.

L'entèndi puei, quand jardinejo,
Counversa 'mé soun sadounet;
Li conto de vers, li fa de sounet;
En jardinejant, toujour rimaiejo.

Tout l'estiéu, de nue si ramasso,
Uno ouro après lou calabrun;
Quouro fa tròu caud, va cerca l'oumbrun,
Va courre, quand plòu, darrié lei limaço.

Quand revèn, 'mé sa suçarello,
Es l'ouro deis enfourmacien;
Mai l'agrado pas la televisien,
Si defiso d'aquelo enmascarello.

Vòu pas pesca dins sei recèto,
A pòu de seis encantamen.
Li passarié pamens de bouan moumen !
Ah ! ouah, sus sa televisien s'assèto

Mon Grand

La raison de mon grand décline, - serait-il devenu débile ! - Pour se brosser les dents il se dénude, - puis il crache à côté de la bassine.

Malgré sa fatigue endémique, - il ne veut pas consulter le médecin, - et j'ai de la peine à le voir ainsi ; - Quelque médicament lui ferait le plus grand bien.

Bien qu'il en fasse un mystère, - et nonobstant son air accort, - je comprends qu'il a peine à venir du corps, - et qu'il lui faudrait peut-être un clystère.

Il s'en va, les nuits de pleine lune, - braconner lièvre et sanglier, - il ne doit pas rester longtemps dans son lit ! - En plus, il ne ferme jamais sa porte à clef.

Je l'entends parfois lorsqu'il jardine, - converser avec son sarcloir ; - Il lui raconte des vers, il lui fait des sonnets ; - Tout en jardinant, sans cesse il rimaille.

Durant l'été il ne rentre le soir - qu'une heure après le crépuscule ; - Quand il fait très chaud il recherche les ombrages, - il va, lorsqu'il pleut, ramasser des limaces.

Lorsqu'il revient avec sa récolte, - il est l'heure des "informations" ; - Mais il n'aime pas la télévision, - il se défie de cette ensorceleuse.

Il ne veut pas de ses recettes, - il a peur de ses envoûtements ; - Il y passerait pourtant de bons moments ! - Allez donc ! sur sa télévision...il s'assoit.

Pèr sei cinquanto an de mariàgi,
A vougu refaire un plantié ;
Li fa ma grand, pougnènto coumo eiglantié ;
" Basti, va bèn, mai planta à toun iàgi ! "

Emé lei gant cuiéu d'arello;
Éu mi venguè, l'èr indigna:
"Se metiés de gant pèr la carigna,
Que si pensarié ta carignarello !"

Tèn sa cabesso toujour lèsto
Pèr lou viàgi d'eternita;
Debarrassado dei futileta,
Trefoulira pèr l'eternalo fèsto.

Quouro vendra la caravello,
Sa blanco velo dins lou vènt,
Cantara, moun grand, coumo a fa souvènt,
Avans de plounja dins la mar crudèlo.

Vòu pas de flour, vòu de cantico,
Mai pas de refrin plouradis,
Quouro uno amo vèn dins lou paradis,
Li fau pas de plour, li fau de musico.

Vòu de viouloun, vòu de guitarro
E de troumpeto e de tambour;
Vòu que dins 'quelo sinfounié d'amour
Vèngue ges de plang faire tintamarro.

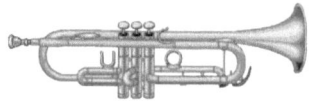

Se sa resoun s'en va de caire,
S'a plus gaire d'entendamen,
Es pas 'no resoun pèr que l'àimi mens,
E li vouàli bèn, à moun grand, pecaire !

La Mouto, nouvèmbre
dès-e-nòu cènt nouananto-sèt

*P*our ses cinquante ans de mariage, - il a voulu replanter une vigne, - mais moqueuse et piquante comme un églantier, - ma grand-mère lui dit : - "Passe encor de bâtir, mais planter à ton âge !"

*P*our cueillir des airelles j'avais mis des gants ; - Il me dit d'un air indigné : - "Si tu mettais des gants pour la courtiser, - Que penserait ta fiancée !"

*I*l tient sa tête toujours prête - pour le grand voyage ; - Débarrassée des futilités, - elle exultera pour l'éternelle fête.

*Q*uand viendra la caravelle, - sa blanche voile dans le vent, - il chantera, mon grand, comme il l'a si souvent fait, - avant de plonger dans la mer cruelle.

*I*l ne veut pas de fleurs, il veut des cantiques, - mais pas des refrains qui font pleurer, - quand une âme vient dans le paradis, - il ne lui faut pas des pleurs, il lui faut de la musique.

*I*l veut des violons, il veut des guitares - et des trompettes et des tambours ; - Il veut que dans cette symphonie d'amour - aucune note triste ne vienne détonner.

*S*i sa mémoire est chancelante, - s'il n'a plus beaucoup d'entendement, - ce n'est pas une raison pour que je l'aime moins, - et je lui veux du bien à mon grand-père.

La Motte, *novembre*
mille neuf cent nonante-sept.

Nouvè 1997

Faié pas caud, sus lou parvis de la grand gliso,
Aquelo bello nue que neissié l'Enfant-Diéu.
Un fuble de fidèu passavo davans iéu,
E iéu, faiéu la mancho, acata dins la biso.

Quàuqueis-un, souto vouas, faien moun analiso;
Mai iéu, indiferènt à tout ce qu'entendiéu,
Regardàvi s'empli la man que li tendiéu,
Oublidant un moumen, urous, qu'aviéu la griso.

Quouro vèn, afouga, un bouiènt esbroufaire,
Mi cerca de resoun, mi faire un còup de nas,
Taramen que, subran, mi siéu enverina,
E, franc de tout respèt, l'ai trata de boufaire:

"De que dre ti vendries mescla de meis afaire ?
Ome! qu t'a fa jùji pèr mi coundana ?
Gardo-lou, toun argènt, se lou vouas pas douna,
Mai t'arregardo pas ce que n'en déuriéu faire !"

La Mouto, pèr Nouvè
Milo nòu cènt nouananto-sèt.

Noël 1997

Il ne faisait pas chaud sur le parvis de la grande église, - en cette belle nuit où naissait l'Enfant-Dieu. - De nombreux fidèles passaient devant moi ; - Et moi, sur le seuil, je faisais la manche, transi.

Quelques-uns murmuraient sans complaisance, - mais moi, indifférent à tout ce que j'entendais, - je regardais s'emplir la main que je leur tendais, - oubliant un moment, heureux, ma misère.

L'un d'eux, indisposé par ma présence en ces lieux, - m'apostropha avec désobligeance, - au point qu'il me mit hors de moi, - et quittant tout respect, je devins inconvenant :

" De quel droit te mêlerais-tu de mes affaires ? Homme ! qui t'a fait juge pour me condamner ? - Garde-le ton argent, si tu ne veux pas le donner, - mais ne te mêle pas de ce que je devrais en faire ! "

La Motte, pour Noël
mille neuf cent nonante-sept.

Cinquanto an de mariàgi

Lou 23 d'avoust 1947.

Lou gros estiéu s'èro adouci;
Dins Alouas èro la calamo,
Lou pin de fèsto èro roussi,
Dei fue de joi mourié la flamo,
E lei lampien de Nouastro-Damo
Tout-bèu-just èron amoussi.

Mai 'quéu matin campanejavo
La campano de Sant-Bastian,
En l'ounour que si capitavo
Qu'en Alouas si maridavian
E qu'en coumuno quatre erian
Que Cupidoun pounchounejavo.

Avian pèr noum : Làti e Pin,
Si noumavon lei dameisello :
Uno Courboun e l'autro Pin;
E nàutrei dous, lei viant tant bello,
Aurian jura que douis estello
Eron toumbado aquéu matin.

Tóutei lei gènt de la bourgado
Eron vengu leis amira,
E, quouro en glòri soun rintrado
Dins l'agliso s'ageinouia,
Santo-Bregido a saluda
E Roco-Clino s'es clinado.

Nos cinquante ans de mariage

Le 23 août 1947.

Le gros été s'était adouci ; - dans Allos c'était le calme, - le pin de la fête était roussi, - des feux de joie mourait la flamme - et les lampions de l'Assomption de Notre-Dame - étaient à peine éteints.

Mais ce matin-là carillonnait - la cloche de l'église Saint Sébastien, - en l'honneur où il se trouvait - qu'en Allos nous nous mariions - et que nous étions quatre à la mairie - que Cupidon aiguillonnait.

Nous avions pour noms : Latil et Pin, - et les demoiselles se nommaient : - l'une Courbon et l'autre Pin ; - et nous deux, en les voyant si belles, - aurions juré que deux étoiles - étaient tombées ce matin-là.

Tous les gens de la bourgade – étaient venus les admirer - et lorsqu'en gloire elles sont rentrées - dans l'église s'agenouiller, - Sainte Brigitte a salué - et Roche Cline s'est inclinée.

Quand, nous signant, lou prèire a di:
"Agués pas crento deis auvàri,
Fès fisanço à vouastre aveni;"
Pèr lou meiou e pèr lou pìri,
A la counquisto d'un empìri,
A l'aventuro sian parti.

Erian pas de grand barroulaire,
Fuguè pas luen nouastre ourizoun,
Au mitan de nouastre terraire,
Emé sagesso, emé resoun
Avèn tanca nouastro meisoun
A la sousto de nouàstrei paire.

Qu'erian bèn dins lou vièi oustau !
Que fasié bouan dins sei muraio!
E quand l'on a lou couar bèn caud,
Cresès-mi, sus d'un lié de paio,
De paradis se li pantaio,
Fin qu'au matin cante lou gau.

Avèn pas espousa de barouno,
Pas mai qu'erian fiéu de baroun;
Nouàstrei princesso èron terrouno,
E nautre erian tambèn terroun,
Fisanço èro nouastre plastroun,
E leis enfant nouastro courouno.

*Q*uand, nous bénissant, le prêtre a dit : - "N'ayez pas peur des difficultés, - faites confiance à votre avenir ; " - pour le meilleur et pour le pire, - à la conquête d'un empire, - à l'aventure nous sommes partis.

Nous n'étions pas de grands voyageurs, - il ne fut pas loin notre horizon, - c'est au milieu de notre terroir, - qu'avec sagesse et raison - nous avons fixé notre maison – à l'ombre de nos ancêtres.

Ah ! qu'on était bien dans la vieille Maison ! - Qu'il faisait bon dans ses murs ! - De plus, quand on a le cœur bien chaud - croyez-moi, sur un lit de paille, - on rêve de paradis, - jusqu'au matin quand le coq chante.

Nous n'avons pas épousé des baronnes, - pas plus que nous n'étions fils de barons ; - Nos princesses étaient terriennes - et nous-mêmes étions terriens, - la confiance était notre plastron - et les enfants notre couronne.

D'escoundoun l'autoun es vengu;
Plus d'auceloun à l'avalido;
Tiran l'escalo à la chut-chut,
Es acabado la cuïdo,
Encuei lei figo soun passido,
E leis aucèu soun resta mut.

"**Q**uéu que fa crèisse uno salado
Aqui 'nte naisse un lapinoun",
Que sa glòri siegue cantado
Dins lei valado e sus lei mount !
E que beni siegue soun noum
Sus la terro e dins l'estelado !

La Mouto, lou sièis de setèmbre
Milo nòu cènt nouananto-sèt.

1947 - mariage de Robert et Malou - Gaby et Lulu

En cachette l'automne est venu ; - plus d'oiseaux à l'horizon; - tirons l'échelle sans bruit, - la cueillette est terminée, - aujourd'hui les figues sont flétries - et les oiseaux sont muets.

"Celui qui fait croître une salade – là où nait un petit lapin", - que sa gloire soit chantée - dans les vallées et sur les monts ! - Et que son nom soit béni - sur la terre et dans le ciel !

*La Motte, le six septembre
mille neuf cent nonante-sept*

Nous counvides à la fèsto

1-

Nous counvides à la fèsto
Jèsus-Crist ressuscita,
Nous counvides à la fèsto
E venèn pèr ti canta.
- Dins l'egliso cantarello,
Au ressouen d'alleluia !
Que clantisse la nouvello:
"Jèsus-Crist es reviéuda !"

2-

Dins uno aubo printaniero,
Dóu toumbèu s'es enaura,
Madaleno, la proumiero,
Quouro l'a vist a ploura:
-"De tei plour si fau desfaire,
Tei lagremo fau seca,
Vai-t'en lèu dire à mei fraire
Que m'as vist ressuscita.

3-

Vai va dire à Jan, à Pèire,
A Matiéu e à Toumas,
Eu qu'a tant de peno à crèire
Sènso vèire ni touca.
Courre lèu à toun afaire,
Surtout mi retèngues pas,
Fau que vàgui vers moun Paire
Pèr coumpli sa voulounta."

Tu nous convies à la fête

- *Tu nous convies à la fête, - Jésus-Christ ressuscité, - tu nous convies à la fête - et nous venons pour te chanter. - Dans l'église en fête, - aux sons des Alléluia ! - que retentisse la nouvelle : - "Jésus-Christ est vivant à nouveau ! "*

- *Dans une aube printanière, - du tombeau il s'est levé ; - Madeleine, la première, - quand elle l'a aperçu, a pleuré : - "De tes pleurs il faut se défaire, - il faut sécher tes larmes ; - va-t-en vite dire à mes frères que tu m'as vu ressuscité.*

- *Va le dire à Jean, à Pierre, - à Mathieu et à Thomas, - lui qui a tant de peine à croire - sans voir ni toucher. - Cours sans tarder à ton affaire, - surtout ne me retiens pas, - il faut que j'aille vers mon Père - pour accomplir sa volonté."*

4-

Dins l'egliso cantarello,
Au ressouen d'alleluia,
Que clantisse la nouvello:
"Jèsus-Crist es reviéuda !"
-Tèn nouastro amo sèmpre lèsto
Pèr lou cant d'eternita;
Nous counvides à la fèsto,
Jèsus-Crist ressuscita !

Canta en prouvençau, sus l'èr "Ode à la joie" de
Beethoven, à la messo celebrado en
lengo nouastro, pèr l'abat Nicolas,

à La Mouto, lou 19 d'abriéu milo nòu cènt nouananto-vue

- *Dans l'église chantante, - aux sons des Alléluia ! -que retentisse la nouvelle : - "Jésus-Christ est vivantà nouveau ! - " Tiens notre âme toujours prête - pour le chant d'éternité - Tu nous convies à la fête, - Jésus-Christ ressuscité !*

*Chanté en provençal, sur l'air de
1' "Ode à la joie", de Beethoven ;
à la messe célébrée en langue provençale par l'Abbé Nicolas,*

à La Motte, le 19 avril mille neuf cent nonante-huit

- LOU POPLE QUE TREVAVO -

Armounisacien : Jacques FOMBONE.

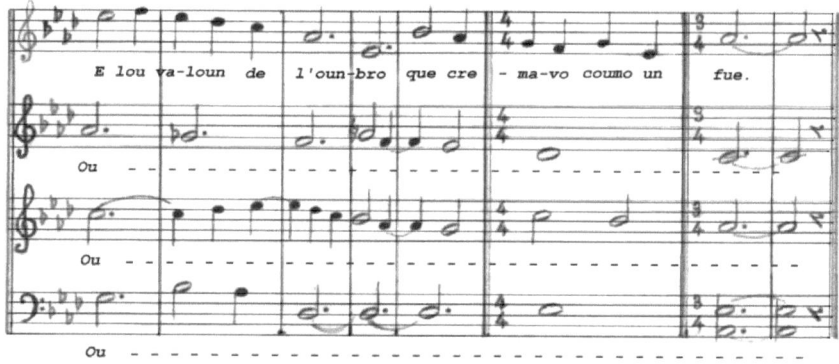

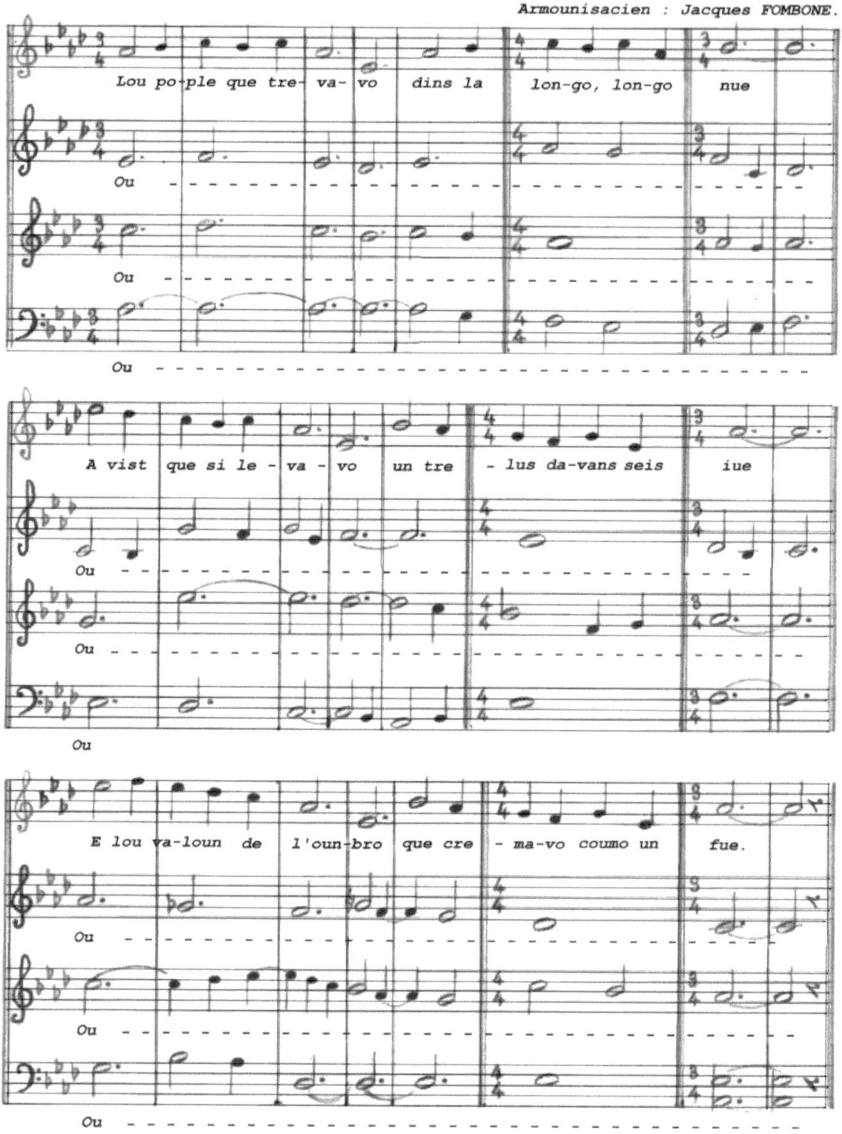

Aquéleis estrofo, leis ai facho pèr èstre cantado en prouvençau, sus l'èr d'uno *bressarello tchèco*.
Soun ispirado dei proufecié d'isaïe (Is.) e de Michée (Mi.) dins la Biblo, e de l'apouesto Matiéu (Mt) dins l'Evangèli. Lei referènci soun marcado en tèsto de chasco estrofo.

Nue de Nouvè

Is. 9,1   Is. 2,4 - Mi 4,3
Lou pople que trevavo **M**ilo e milo an de-longo
Dins la longo, longo nue, Lei proufèto v'an crida
A vist que si levavo " D 'espaso 'mé de lanço
Un trelus davans seis iue, D 'óutis si fabregara.
E lou valoun de l'oumbro Si fara plus la guerro,
Que cremavo coumo un fue.La justìci flourira. "

Mi. 5,1 - Mt 2,6 is. 9,2 - 5
Betelèn de Judèio, **P**ople de la proumesso
0 Betelèn Efrata, Tei lagremo fau seca
Noun siés la mai ninoio, Ta raubo de tristesso
Dei bourgado de Juda ;, Encuei te la fau quita ;
Tambèn dins tei muraio Pren toun abit de fèsto,
Lou Messìo sourgira. L'Ome-Diéu anue es na.

*La Mouto, pèr Nouvè
Milo nòu cènt nouananto-quatre.*

Ces strophes sont faites pour être chantées en provençal, sur l'air d'une berceuse tchèque.
Elles sont inspirées des prophéties d'Isaïe (Is.) et de Michée (Mi.) dans la Bible, et de l'apôtre Matthieu dans l'Evangile. Les références sont indiquées en tête de chaque strophe.

Nuit de Noël

Is. 9,1 Is. 2,4 - Mi 4,3
Le peuple qui marchait
dans les ténèbres a vu
une grande lumière.
Sur ceux qui habitaient
le pays de l'ombre,
une lumière a resplendi.
On ne brandira plus l'épée
nation contre nation.
Martelant leurs épées,
ils en feront des socs.
De leurs lances
ils feront des serpes.

Mi. 5,1 - Mt 2,6 Is. 9,2 – 5
Et toi Bethléem Ephrata,
trop petite pour compter
parmi les clans de Juda,
de toi sortira pour Moi
celui qui doit gouverner Israël.
Tu as fait abonder leur allégresse,
tu as fait grandir leur joie.
Ils se réjouissent devant toi
comme on se réjouit à la moisson,
comme on jubile au partage du butin.
Car un enfant nous est né,
un fils nous a été donné.

La Motte, pour Noël
mille neuf cent nonante-quatre.

Pastouralié dóu lume

La chourmo de Simoun e de la Simouneto
L'àngi 'mé lou cifèr, lou bóumian, Chichourlet,
Lei pastre Miquèu, Lu; Pancraço lou móunié,
L'amouraire Matiéu emé sa poulideto,

Lei pescadou candi de carga sus sa bèto
Lou paure Chichourlet bramant dins seis aret,
Nourat e Barnabèu, tóutei s'en van gaiet,
Pèr vèire l'Enfant-Diéu, mena pèr lou proufèto.

N'i'a d'aquélei tambèn que sènso si fa vèire,
An coumpli dins l'oumbrun soun oubràgi perfèt :
Lei fremo de Rougié, de Pèire emé d'Andrès,
E tant d'autro qu'an fa ce que noun si pòu crèire,

Soulanjo 'mé Madò que n'an fa caro lisso,
Marìo 'mé Jóusè e soun divin tresor,
Rougié qu'a gaubeja de tras que bèu decor,
Emé lei teinician qu'an oubra en coulisso.

Mai pamens tout de long n'aguèron de malastre,
D'auvàri 'mé d'esfrai, d'escorno, de chagrin !
Jamai aurien pouscu atrouba soun camin,
Fuguèsson pas esta coundu pèr un bel astre.

Fau dire que souvènt, pèr roumpre la tantaro,
Tout de long dóu camin lou rai a cansouna,
Afouga dei refrin que li fasié canta
L'ardènto bouto-en-trin qu'èro Marìo-Claro.

E basto aquéu troupèu qu'enfin a pouscu vèire
E adoura l'Enfant qu'es na à Betelèn,
Es urous 'questo souar de ti dire tambèn
E dóu founs de soun couar un grand merci Jan-Pèire

A Mount-ferrat, lou 21 de janvié 1995.
Jan-Pèire Chieusse beilejavo la chourmo
Dei Pastouralié dóu Lume

Pastouralié dóu lume

*L*a troupe de Simon et de la Simonnette, -l'ange, Lucifer, le bohémien, Chichourlet, - les pâtres Michel, Luc ; Pancrace le meunier, - et l'aiguiseur Mathieu avec sa joliette.

*L*es pêcheurs étonnés de charger sur leur barque - le pauvre Chichourlet hurlant dans ses filets, - Honoré et Barnabé, tous s'en vont gaiement - visiter l'Enfant-Dieu, menés par le prophète.

*I*l en est d'autres encore qui sans se montrer, - dans l'ombre ont accompli leur ouvrage parfait : - Les femmes de Roger, de Pierre et d'André, - et d'autres qui ont fait ce qu'on ne saurait croire.

*S*olange, Mado qui nous ont fait la peau lisse, Marie avec Joseph et leur divin trésor, - Roger qui a conçu de merveilleux décors, - et les techniciens qui ont œuvré en coulisse.

*M*ais que de peines tout le long, que de malheurs, - d'accidents et d'effrois, d'affronts et de chagrins ; - Jamais ils n'auraient pu découvrir leur chemin, - s'ils n'avaient pas été conduits par un bel astre.

*D*isons que bien souvent, pour rompre le vertige - et le chagrin, ils ont éperdument chanté, - émoustillés par les refrains que Marie-Claire, - ce boute-en-train, leur faisait chanter en chemin.

*E*t bref tout ce troupeau qui a enfin pu voir - et adorer cet Enfant né à Bethléem, - est heureux ce soir de te dire simplement - et du fond de son cœur un grand merci Jean-Pierre.

A Montferrat, le 21 janvier 1995
Jean-Pierre Chieusse dirigeait la troupe
Des Pastouralié dóu Lume.

A-n-aquéu coumplimen faudrié n'apoundre un autre
A la lèsto adouba en meno de sounet,
A-n-un qu'a mestreja que-noun-sai lou chantié,
E que s'atrobo encuei lou decan de nous-autre.

Basto 'quéu saberu, pamens sèmblo nous dire,
Quouro li demandan counsèu de còup que li a
" Ai pas viscu proun vièi pèr vous acounseia "
E remiro lou ciel emé soun grand sourrire.

Aro qu'avèn chanja de mèstre timounié,
An souvènt tremoula lei vitro dóu quartié,
Quand lou sero vengu, la chourmo s'estilavo.

E dóu tèms que cadun dounavo sei resoun
E qu'au baile chascun voulié faire liçoun,
Soulet dins soun cantoun, Chichourlet si teisavo.

A Mount-Ferrat, lou 21 de janvié 1995

En souveni de Fèli Daumas, que tengué lou role de Chichourlet, mai de cinquanto annado à-de-rang.

A ce compliment il faudrait en joindre un autre, - lestement préparé en forme de sonnet, - à un qui dirigea fort longtemps le chantier, - et qui se trouve aujourd'hui le doyen de nous tous.

*B*ref ce fin connaisseur, néanmoins semble dire, - lorsque nous lui demandons conseil quelquefois, - "je ne suis pas assez vieux pour vous conseiller", - et admire le ciel avec son grand sourire.

*M*aintenant que l'on a changé de timonier, - les vitres du quartier ont bien souvent tremblé, - lorsque le soir venu la troupe répétait.

*E*t pendant que chacun donnait ses bons conseils - et que chacun au chef voulait faire leçon, - retiré dans son coin, Chichourlet se taisait.

A Montferrat, le 21 janvier 1995.

*E*n souvenir de félix Daumas, qui tint le rôle de Chichourlet, pendant plus de cinquante années durant.

Quand la lauseto cantara

Es à setanto an que mi siéu mes en tèsto de vougué aprendre à juga dóu pianò. Noun pas que li aguèssi jamai sounja estènt jouine, mai, d'uno, èro un óutis que couastavo chièr, e mei parènt poudien pas me l'óufri, segoundamen, rintra un pianò dins uno bastido, acò aurié fa marrit efèt, li avié que lei gènt riche e lei bourgés qu'avien un tal estrumen au siéu.

Tambèn, quouro m'aganté l'enveio de musiqueja, mei parènt mi croumpèron une clarineto, qu'èro mens chièro e que tenié pas tant de plaço.

A fougu qu'arrivèssi à l'iàgi de la retrèto pèr pousqué realisa lou pantai de ma vido : mi siéu croumpa un pianò – Paure badau ! Mi cresiéu ferme qu'auriéu tant lèu fa d'aprendre à juga d'aquel estrumen coumo aviéu, à quienge an, apres lou soulfège e la clarineto, bord que legiéu courreitamen la musico, tambèn la clau de fa que la clau de sol, uno pèr la man drecho, l'autro pèr la man senèstro. Èri segu que tout-acò anarié soulet.

Ai ! ai ! ai ! degun si pourrié crèire ce qu'ai gamachia pèr faire ana aquélei doui man ensemble, que noun jugavon lei mémei noto, qu'anavon pas au meme ritme, de noto qu'avien pas la memo valour – ensin, dóu tèms que la man senèstro tenié uno noto longo, la drecho n'en duvié juga douas, tres ou quatre, e de cóup sièis ou vue ; aquélei noto perfes si countrariavon, de cóup que li a fourmavon sincopo, noun, es pas de crèire.

Quant de serado ai passa davans aquel estrumen que veneràvi, mai que poudiéu pas mestreja ? Quant de cóup mi siéu endurmi, la tèsto sus lou clavié, jusqu'au moumen ounte Malou – qu'avié deja fa un proumié souam – mi creidavo de la chambro : "Alor, quouro es que vènes durmi ?"

Quand l'alouette chantera

C'est à septante ans que je me suis mis en tête de vouloir apprendre à jouer du piano. Non pas que je n'y eusse jamais pensé étant jeune, mais, d'une part, cet "outil"-là coûtait cher, et mes parents n'auraient pas pu me l'offrir ; d'autre part, rentrer un piano dans une bastide eût été d'un mauvais effet, seuls les gens riches et les bourgeois possédaient un tel instrument.

C'est pourquoi, lorsque l'envie de musiquer me prit, mes parents m'achetèrent une clarinette, qui, outre son prix moindre, avait l'avantage d'occuper moins de place.

Il m'a fallu attendre l'age de la retraite pour pouvoir réaliser le rêve de ma vie : je me suis acheté un piano – Pauvre naïf ! Je croyais sincèrement que j'allais apprendre à jouer de cet instrument aussi aisément que j'avais appris le solfège et la clarinette, attendu que je lisais correctement la musique, aussi bien la clé de fa que la clé de sol, une pour la main droite, l'autre pour la main gauche ; et j'étais certain que tout irait pour le mieux.

Aïe ! aïe ! aïe ! personne ne croirait combien j'ai essayé maladroitement de faire agir ces deux mains ensemble, qui ne jouaient pas les mêmes notes, qui n'allaient pas au même rytme, des notes qui n'avaient pas la même valeur ; ainsi, pendant que la main gauche tenait une note longue, la droite devait en jouer deux, trois ou quatre, et quelques fois six ou huit, ces notes se contrariant et formant parfois syncope ; non, personne ne le croira.

Combien de soirées ai-je passé devant cet instrument que je vénérais, mais que je n'arrivais pas à maîtriser ? Combien de fois me suis-je endormi, la tête sur le clavier, jusqu'au moment où Malou – qui avait déjà fait un premier sommeil – me criait, de la chambre : « Alors, quand viendras-tu dormir ? »

En viant que m'encagnàvi, e pèr noun que mi despichèssi, m'óufriguè puei doui dougeno de liçoun d'ana prendre encò de Madamo…, proufessour de trìo, à Draguignan. Tout de long de l'ivèr mi rendèri, doui còup pèr semano à n'aquélei cous, que mi fuguèron benfasènt ; aprenguèri bèn quàuquei teinico de baso e tambèn tres ou quatre pichoun poulit moussèu que jugàvi courreitamen. Acò mi requinquihé un tèms e mi permeté de faire de bèu pantai.

Ai las ! Meis estrambord fuguèron pas de longo durado, e sentèri lèu s'avani pauc à pau mei càreis esperanço. Dóu tèms que lei jour, lei semano e lei mes si debanavon, jugàvi sempre lei mémei moussèu, m'acipàvi ei mémei dificulta, e mi dijiéu, plen d'amarun e de lagno : « Es coumo se vouliéu pousa d'aigo em'un panié .»

Fuguèri puei fourça de n'en couveni : rèn voulié plus rintra dins ma vièio tèsto.

Alor, las de m'entestardi, 'm'un grand gounflige, un traite jour de printèms, abandounèri l'ami dei vièi jour, lou coumpan qu'avié bressa tant de mei serado, e lou vouguèri plus vèire.

Mai pamens, chasque cóup que pàssi à soun coustat, mi pouàdi pas teni de lou caressa douçamen, e de li dire souto vouas : « M'en vougues pas, te n'en prègui, si reveiren bèn-lèu, quand la lauseto cantara, quand, sus la draio deis estello un uiau m'empourtara, alor si reveiren pèr l'eternalo fèsto, e jugaren ensèn la grando sinfounié. »

En voyant mon acharnement maladroit, et de crainte que j'en vienne à me décourager, elle m'offrit un jour deux douzaines de leçons à aller prendre chez Madame..., professeur de talent, à Draguignan. Tout au long de l'hiver je me rendis, deux fois la semaine à ces cours qui me furent bénéfiques ; j'appris quelques bonnes techniques de base, ainsi que trois ou quatre jolis petits morceaux que je jouais correctement. Cela me ragaillardit pour un temps, et me permit de faire de beaux rêves.

Hélas ! Mes enthousiasmes ne furent pas de longue durée, et je sentis bientôt s'évanouir peu à peu mes chères espérances. Au fur et à mesure que les jours, les semaines et les mois passaient, je jouais toujours les mêmes morceaux, je me heurtais aux mêmes difficultés, et je me disais, plein d'amertume et de peine : « C'est comme si je voulais puiser de l'eau avec un panier. »

Et je fus finalement forcé d'en convenir : rien ne voulait plus rentrer dans ma vieille tête.

Alors, lassé de mon inutile entêtement, je me résignai, le cœur gros, un traître jour de printemps à abandonner l'ami des vieux jours, le compagnon qui avait bercé tant de mes soirées, et je ne voulus plus le voir.

Néammoins, chaque fois que je passe à son côté, je ne peux m'empêcher de le caresser doucement et de lui dire à mi-voix : « Ne m'en veux pas, je t'en prie, nous nous reverrons bientôt, quand l'alouette chantera, quand, sur la draille des étoiles un éclair m'emportera, nous nous retrouverons pour l'éternelle fête, et nous jouerons tous deux la grande symphonie. »

Pesca d'aigo

Tèsto aqui mi siéu mes à vougué pesca d'aigo
Au pous 'mé la carrello em' un marrit panié ;
Quand remounto, rajènt, sèmblo que mi fa lego,
Mai d'aigo n'adus ges, pamens à moun gousié.

Quant de còup l'ai manda ? mai de cènt, mai de milo,
Precauciounousamen, 'mé fouarço aplicacien,
Cresès qu'ague pieta, que si fague de bilo ?
Pèr iéu qu'ai la pepido a ges de coumpassien.

Danso au bout dóu trihau, fa lou bèu, serpatejo,
Esito à s'en cala dins l'antre tenebrous,
Lou negre tartaras mal-en-trin viróutejo,
Avans de s'avali à regrèt dins lou gous.

S'aflaco afenianti sus l'oundo negrinello,
S'embugo, s'assadoulo e soumbro plan-planet,
Crèsi qu'a lou demoun dedins la carnavello
Pèr si trufa de-longo, aquéu marrit gripet.

Quand puei si recampo,
Touto l'aigo s'escampo,
E quouro s'acampo
Dessus lou releisset,
D'aigo n'en rèsto gaire,
Diguen que n'en rèsto ges,
E paure iéu pecaire
Pourrai creba de set.

Pêcher de l'eau

Je me suis entêté à vouloir puiser de l'eau – au fond du puits avec la poulie et un panier. - Quand il remonte, le collègue, il se moque, - Mais d'eau fraîche il n'en apporte point à mon gosier.

Combien de fois l'ai-je envoyé ? plus de cent, plus de mille, - précautionneusement, avec force application. - Croyez-vous qu'il ait pitié, qu'il se soucie de moi ? - De ma grande soif il n'a aucune compassion.

Il danse au bout de la corde, fait le beau, tournoie, -hésite à s'engouffrer dans l'antre ténébreux. - Le noir crapaud volant, nonchalant virevolte, - avant de disparaître à regret dans le gouffre.

Il s'affale paresseux sur l'onde noirâtre, - il s'imbibe, se soûle et sombre doucement, - je crois qu'il a le démon dans la cervelle - pour se moquer sans cesse, ce mauvais fripon.

Lorsqu'enfin il remonte, - toute l'eau se répand, - et quand il se pose - sur la margelle, - d'eau il n'en reste guère, - disons qu'il n'en reste pas. – Et moi pauvre mesquin, - je pourrai mourir de soif.

Mai quento magagno !
Aquéu fenat m'encagno,
Lou verin mi gagno,
M'aganto lou mourbin,
E ma resoun chancello,
Mi va faire, lou couquin,
Perdre la tarnavello
E mouri de pegin.

Mai belèu qu'un bèu matin,
De l'estiéu de Sant-Martin,
Si saran puei embugado
Sei redorto d'amarin.

Oh! que chale 'quéu matin,
Quouro d'aigo fresco enfin
Pourrai béure à grand goulado
Pèr enmoursi moun chagrin.

Sara fèsto dins ma tèsto,
La lauseto cantara.
Oh ! ma tèsto, tèn-ti lèsto
Quouro l'ouro sounara.

Quand la negro meissouniero
Grimassiero mi dira :
"Ta coumplancho es la darriero,
 Anen, zóu, toun fais es fa."

Quouro trèvo e farfadeto,
A la bruno sus lei prat,
Dansaran vivo e fouleto
A meis uei embarluga.

Que mi faran farfantello,
Qu'un uiau m'empourtara
Sus la draio deis estello
Vers un ciel d'eternita.

Sara fèsto dins ma tèsto,
La lauseto cantara ;
Quand moun ouro sounara,
Dins ma tèsto sara fèsto.
La Mouto, milo nòu –cènt nouananto-cinq.

Mais quelle méchanceté ! - Ce sacripant m'irrite, - la rage me gagne, - la colère m'envahit, - et ma raison chancelle, - ce coquin me fera perdre la raison et mourir de chagrin.

Mais peut-être qu'un beau matin - de l'été de Saint-Martin, - son treillis d'osier - se sera enfin imbibé.

Oh ! quelle volupté ce matin-là, -lorsqu'enfin je pourrai boire - de l'eau fraîche à grandes gorgées, - pour éteindre mon chagrin.

Ce sera la fête dans ma tête, - l'alouette chantera, - oh ! ma tête tiens-toi prête - lorsque l'heure sonnera.

Quand la noire moissonneuse, - grimacière me dira : -"Ta complainte est la dernière, - allons, zou ! il faut partir."

Lorsque fées et farfadettes, - à la brune sur les prés, - danseront vives et follettes - à mes yeux éberlués.

Et que dans un éblouissement - un éclair m'emportera - sur le sentier des étoiles - vers un ciel d'éternité.

Ce sera la fête dans ma tête, - l'alouette chantera ; - Quand mon heure sonnera, - dans ma tête ce sera la fête.

La Motte, mille neuf cent nonante-cinq.

D'après la preguiero de Sant-Gregòri-de-Nazianze

(v.335 – v.390)

Ô tu, l'en dela de tout,
Que si pourrié-ti dire, ou bèn canta de tu ?
Qunt inne ti dira, tambèn qùntou lengàgi ?
Qunto bouco, jamai, pourrié ti rèndre óumàgi ?
Qunt mot, pèr t'espremi, aurié proun de vertu ? .

En de-que l'esperit pourra-ti s'aganta ?
Trespasses la resoun e siés incoumprensible
A nouastre entendamen. Soulet siés indicible,
Car tout ce que si dis, de tu a sourgenta.

Tu siés incouneissable à nouastre jujamen,
Car a sourti de tu tout ce que si perpènso.
Leis èstre qu'an paraulo e lei que n'en soun sènso,
Ti prouclamon tambèn indiferentamen.

De tout èstre que pènso, óumàgi t'es rendu,
Parieramen d'aquélei qu'an ges de pensado.
E coumo vers lou ciel la flour si tèn dreissado,
Vers tu l'ardènt desir sèmpre rèsto tendu.

Tout ce que viéu ti prègo, e tout ce qu'a de sèn,
Laisso mounta vers tu un inne de silènci.
En touto demouranço luse ta presènci.
E de l'universau envanc sies l'agissènt.

Prière de Saint-Grégoire-de-Nazianze

Ô toi, l'au-delà de tout, n'est-ce pas là tout ce qu'on peut chanter de toi ? Quel hymne te dira, quel langage ? Aucun mot ne t'exprime.

A quoi l'esprit s'attachera-t-il ? Tu dépasses toute intelligence. Seul, tu es indicible, car tout ce qui se dit est sorti de toi.

Seul tu es inconnaissable, car tout se qui se pense est sorti de toi. Tous les êtres, ceux qui parlent et ceux qui sont muets, te proclament.

Tous les êtres, ceux qui pensent et ceux qui n'ont point de pensée, te rendent hommage.
Le désir universel, l'universel gémissement tend vers toi.

Tout ce qui est te prie, et vers toi tout être qui pense ton univers, fait monter un hymne de silence. Tout ce qui demeure demeure par toi, par toi subsiste l'universel mouvement.

Tout èstre, dins toun sen anara s'estrema.
Siés entime e absènt deis èstre qu'as fourma.
Siés pas un soulet èstre e siés pas soun ensèmble.
Tu qu'as tóutei lei noum, n'i a pas ges que ti sèmble
Bord que siés lou soulet que si pòu pas nouma.

Qunt esprit celestiau traucara lei niéulado
E lei grand bàrri sournaru,
Pèr ana s'espanta dins uno flambuscado
Au bèu mitan d'un grand cèu blu
Lusènt dins uno escandihado ?
Pren pieta, l'en dela de l'umano pensado,
Rèn d'autre si pourrié, crési, canta de tu ?

La Mouto, decèmbre
Milo nòu cènt nouananto-vue.

De tous les êtres tu es la fin ; Tu es tout être, et tu n'en es aucun. Tu n'es pas un seul être, tu n'es pas leur ensemble. Tu as tous les noms, et comment te nommerai-je, toi le seul qu'on ne peut nommer ?

Quel esprit céleste pourra pénétrer les nuées qui couvrent le ciel même ? Prends pitié, o toi, l'au-delà de tout, n'est-ce pas tout ce qu'on peut chanter de toi ?

*La Motte, décembre
mille neuf cent nonante-huit.*

Printèms

Quouro printèms vendra emé leis andouleto,
Lei pascaleto blanco embeliran lei prat,
E lou soulèu d'abriéu secara lei perleto
Espelido la nue, quouro printèms vendra.

Lei pascaleto blanco embeliran lei prat,
E leis aubo clarino avaliran lei masco
Espelido la nue, quouro printèms vendra,
Festejant lou retour dei campano de Pasco.

E leis aubo clarino avaliran lei masco;
Vendra, lóugié, furtiéu, gaiet coumo un quinsoun,
Festejant lou retour dei campano de Pasco,
Samena de prefum, de flour e de cansoun.

Vendra, lóugié, furtiéu, gaiet coumo un quinsoun,
Prelùdi bèn-astra d'uno annado prouspèro,
Samena de prefum, de flour e de cansoun,
Dins lou pichoun enclaus de moun ouart que l'espèro.

Prelùdi bèn-astra d'uno annado prouspèro,
Matino lou veiran, quand dindo l'angelus,
Dins lou pichoun enclaus de moun ouart que l'espèro,
Óublidous dei rigour de l'ivèr sournaru.

Matino lou veiran, quand dindo l'angelus,
Clina sus chasco flour, béure chasco perleto,
Óublidous dei rigour de l'ivèr sournaru;
Quouro printèms vendra, emé leis andouleto.

La Mouto, abriéu 1997.

Printemps

*Lorsque printemps viendra, chanter avec les merles,
la blanche pâquerette, au pré refleurira,
et le soleil d'avril absorbera les perles,
écloses dans la nuit, lorsque printemps viendra.*

*La blanche pâquerette, au pré refleurira ;
Les aubes chasseront les chimères opaques
écloses dans la nuit, lorsque printemps viendra,
festoyer le retour des campanes de Pâques.*

*Les aubes chasseront les chimères opaques.
Il viendra réveiller rossignols et pinsons,
festoyer le retour des campanes de Pâques
et semer des parfums, des fleurs et des chansons.*

*Il viendra réveiller rossignols et pinsons,
présageant le bonheur, la paix, l'année prospère,
et semer des parfums, des fleurs et des chansons,
dans le petit jardin de mon cœur qui l'espère.*

*Présageant le bonheur, la paix, l'année prospère ;
Matines le verront, quand sonne l'angélus,
dans le petit jardin de mon cœur qui l'espère,
oublieux des rigueurs des hivers révolus.*

*Matines le verront, quand sonne l'angélus,
penché sur chaque fleur, y boire chaque perle,
oublieux des rigueurs des hivers révolus;
Lorsque printemps viendra, chanter avec les merles.*

La Motte, avril 1997

Sounet pèr ma Grand

"Entèndes l'auceloun que canto:
Tèti-plus!" mi disié ma grand.
Iéu anàvi sus mei quatre an,
Elo n'avié mai de setanto.

S'enané, ai las ! en quaranto,
Cando, menudo, sènso brand,
E mi venguè, l'ouncle Bertrand:
"Pichoun, ta grand èro uno santo !"

Canto toujour, lou tèti-plus
Pèr lou vieiard que n'en pòu plus
E que ves pas passa leis ouro.

E l'enfant qu'es redevengu,
En escoutant, tout esmougu,
Lou tèti-plus, de còup si plouro.

La Mouto, pèr Nouvè
Milo nòu cènt nouananto-sèt.

Sonnet pour ma Grand-Mère

"Entends-tu l'oiseau qui chante : - "Tèti-plus!" * *me disait ma grand-mère. - Moi j'allais sur mes quatre ans, - elle en avait plus de septante.*

Elle s'en alla, hélas ! en quarante, - candide, menue, sans bruit : - Et me disait, l'oncle Bertrand : - "Petit, ta grand-mère était une sainte !"

Il chante toujours le "téti-plus" - pour le vieillard qui n'en peut plus - et qui ne voit pas passer les heures.

Et l'enfant qu'il est redevenu, - en écoutant, tout ému - le "téti-plus", quelquefois pleure.

La Motte, pour Noël
mille neuf cent nonante-sept.

* *Onomatopée du chant de la mésange*

Recampadis

Emé lou respèt que ti dèvi,
Ti salùdi, recampadis!
Deis uba fres e bagnadis
Siés vengu dins l'endré que trèvi
Basti toun niéu au paradis.
A nouastro bouano amista lèvi
Moun got beluguejant e bèvi
En t'óufrènt moun vers cantadis.

Mai pamens, estrangié moun fraire,
Tu qu'as quita gènt e meisoun
Pèr veni chanja d'ourizoun
E t'establi dins moun terraire,
Ti vouàli dire mei resoun,
Vouàli ti douna moun vejaire,
Noun-oustant que t'agrade gaire
E que n'agues ges de besoun.

Quouro vendras dins lei carriero
Dóu vilàgi ti proumena,
Tèn-lou toujour fouaço avena,
Lou sourgènt dei bouànei maniero,
Surviho bèn toun demena;
Alor lei fado meissouniero
Acamparan dins tei feniero
Lou bouanur qu'auras samena.

Etranger

Avec tout le respect que je te dois, - je te salue, - Etranger ! - De tes contrées froides et humides - tu es venu dans mon pays - bâtir ton nid au paradis. - A notre bonne amitié je lève mon verre étincelant et je bois - en t'offrant mon vers qui chante.

Mais néanmoins, étranger mon frère, - toi qui as quitté parents et maison – pour changer d'horizon - et t'établir dans mon village, - permets-moi de te dire ma pensée, - de te donner mon humble avis, - que tu n'apprécieras peut-être guère - et dont tu n'as aucun besoin.

Quand tu viendras te promener - dans les rues de mon village, - arme-toi d'affabilité, - de bonne humeur et d'attention - envers les autochtones. - Alors de bienfaisantes fées – amasseront chez toi - le bonheur que tu auras su semer.

A passa tèms preniés oumbràgi
De nouastro lengo de vassau,
E crenihavon tei queissau
Quand charravian sus toun passàgi.
Encuei la lengo a fa lou saut,
E sus la plaço dóu vilàgi
S'atrouban plus tres d'un bouan iàgi
Pèr pousqué parla prouvençau.

"L'estrangié !" aquéu noum t'encagno !
Quatecant t'avèn bateja
Quouro siés vengu carreja
Toun bouanur dins nouastro campagno ;
 Acò sufise à t'oumbreja
E ti rempli lou couar de lagno,
Pamens 'quéu noum que ti carcagno
Noun déurié ti carcagneja,

Se sabiés que quouro arribavo
Que la fiho dóu boulangié,
Dóu fatour vo d'un meinagié,
Un jour de printèms decidavo
De s'espatria lou couar lóugié,
Que 'm'un Muien si maridavo,
Touto La Mouto s'escridavo:
"Si marido 'm'un estrangié !"

Tu t'offusquais naguère - de notre langage trivial - quand tu passais à côté de nous. - Mais aujourd'hui, hélas ! - nous avons peine à nous retrouver trois anciens - sur la place du village - pour parler encore un peu notre langue moribonde.

"**L**'étranger" ! "ce nom qui t'irrite ! – Nous te l'avons aussitôt donné - lorsque tu es venu apporter- ton bonheur dans notre campagne. – cela suffit à te porter ombrage – et te mettre le cœur en peine, - et pourtant, ce nom qui t'offusque – ne devrait pas t'offenser,

Si tu savais que – la fille du boulanger, - du facteur ou d'un propriétaire, - un jour de printemps décidait – de s'expatrier, le cœur léger, - et qu'avec un Muyois elle se mariait, - toute la Motte s'écriait : - "Elle se marie avec un étranger !"

Mai se, de còup, pèr escasènço,
T'arribavo de rescountra
Un terrenau desencanta
Que ti vòu faire counfidènço,
Arrèsto-ti pèr l'escouta,
Ti parlara de sa Prouvènço,
Dóu poulit tèms de sa jouvènço,
E belèu que si plourara.

Dins lou cantoun d'uno caranco,
Ti dira sa malancoulié :
"Lauravian nouàstreis óurevié,
Erian bèn souto nouastro branco,
Segnour e paure meinagié;
Mai sias mesquin quand tout vous manco,
Avèn chabi nouàstrei restanco,
Sian devengu vouàstreis oubrié."

A nouastro bouano amista, lèvi
Moun got beluguejant e bèvi,
En t'óufrènt moun vers cantadis.
Deis uba fres e bagnadis
Siés vengu dins l'endré que trèvi,
Basti toun niéu au paradis.
Emé lou respèt que ti dèvi,
Ti salùdi, recampadis.

La Mouto,
au mes d'abriéu dès-e-nòu cènt nouananto-vue

S*i, un jour, par hasard - il t'arrivait de rencontrer - un terrien désenchanté - qui veuille te confier sa peine, - arrête-toi pour l'écouter, - il te parlera de sa Provence, - du joli temps de sa jeunesse, - et, peut-être, il pleurera.*

D*ans un angle de ruelle, - il te dira sa mélancolie : - "Nous labourions nos oliviers, - nous étions libres dans notre lopin de terre, - pauvres mais souverains ; - mais on n'est pas heureux lorsque tout vous manque, - nous avons vendu nos maigres terres, - et nous sommes devenus vos ouvriers."*

A *notre bonne amitié je lève mon verre étincelant, et je bois - en t'offrant mon vers qui chante. - De tes contrées froides et humides - tu es venu dans mon pays - bâtir ton nid au paradis. - Avec tout le respect que je te dois, - je te salue, ami venu d'ailleurs.*

*La Motte, au mois d'avril
mil neuf cent nonante-huit*

Uno proso de mei cinq an

Siéu neissu à La Mouto ounte ai toujour viscu – E, se lou bouan Diéu vóu, li sarai aclapa.

Jusqu'à l'iàgi de cinq an, crèsi bèn d'agué mescla patouas e francés. Mei parènt, bèn que s'entre-tenguèsson de-longo dins nouastro lengo, nous parlavon pamens francés à mei doui sur e à iéu. Urousamen qu'avian dins nouastro famiho doui grand e uno grand que disien pas un mot de francés. Gràci à-n-élei ai teta la lengo nouastro au brès.

Quouro, à cinq an mi siéu trouva à l'escolo 'mé de grandas de vuech an, dès an, douge e quatorge an, grand coumo d'ome, que charravon coumo de repetiero, que fasien peta de tron coumo de carretié, alor ai pres goust à la lengo. Pèr èstre un ome, foulié charra patouas ! Bèn, viguen !

Lou mèstre d'escolo, qu'èro un bouan Prouvençau, nous leissavo parla à nouastre biais. E, quouro à vounge ouro sourtian, zóu ! courrié charra un moumen emé leis ome sus la plaço - franc qu'anèsse lèu pesca doui truito à la rebiero que raiavo tout-bèu-just souto le fenèstro de l'escolo.

Une prose de mes cinq ans

Je suis né à La Motte où j'ai toujours vécu. J'espère aussi y mourir et y être enterré.

Jusqu'à l'âge de cinq ans, je crois bien que j'ai mélangé patois et français. Mes parents, qui ne s'entretenaient qu'en provençal, nous parlaient néanmoins français, à mes deux sœurs et à moi. Heureusement que dans notre famille vivaient deux grands-pères et une grand-mère qui ne disaient pas un mot de français. Grâce à eux j'ai tété notre langue au berceau.

Lorsque à cinq ans je me suis trouvé à l'école avec des gaillards de huit ans, dix ans, douze et quatorze ans, grands comme des hommes, qui parlaient haut et fort, qui juraient comme des charretiers, c'est alors que j'ai pris goût à la langue provençale. Car, pour être un homme, il fallait parler patois ! mais voyons !

Le maître d'école, qui était un bon Provençal, nous laissait parler à notre façon ; et, lorsque, à onze heures nous sortions, zou ! il filait causer un moment en patois avec les hommes sur la place-lorsqu'il n'allait pas prestement pêcher deux truites à la rivière toute proche, à deux pas des fenêtres de l'école.

Acò durè jusqu'emperaqui eis alentour de mei dès an. Es alor que m'avisèri que lou medecin parlavo francés; la farmaciano tambèn - aquelo santo fiho qu'es au paradis segur ! - parlavo un francés tant bèu que la fasié poulido dins sa blado blanco. En mai d'acò, quouro ma mère nous menavo quàuquei còup à Draguignan pèr nous croumpa un parèu de soulié, de vièsti, vo d'afaire pèr l'escolo, dins lei magasin, lì avié pas uno jouino coumiso que noun parlèsse francés.

E pui, lì avié tout aquélei gènt dei castèu - De castèu n'i'a dès eis entour dóu vilàgi - Aquélei gènt èron tóutei dóu pessu, parlavon un francés de trìo, que lou prèire, pas mai que lou saberu dóu vilàgi aurien pas auja imita. M'imagini qu'ensin parlavo Madamo de Sévigné, qu'ai jamai ausido, bèn entendu, mai que pamens mi sèmblo entèndre quouro liègi seis escri.

Basto que siegue, es à parti d'aquéu moumen que mi metèri à agué crento de ma lengo, e que vouguèri plus parla patouas. Acò a dura long-tèms, long-tèms ...

Dins lei annado cinquanto, lei recampadis soun arriba. Subre-tout de gènt de l'Uba que venien passa sei vacanço au bord de mar, vo dins nouàstrei campagno, per prouficha dóu soulèu e de l'èr pur.

Cela dura jusqu'aux environs de mes dix ans. C'est alors que je m'avisais que le médecin parlait français, de même que la pharmacienne - cette sainte fille qui est au paradis, pour sûr - qui parlait un français si beau, qu'elle en était jolie dans sa blouse blanche. En outre, lorsque ma mère nous menait à Draguignan pour des emplettes : chaussures, vêtements, affaires de classe, dans chaque magasin où nous entrions, pas une seule jeune commise qui ne parlât français.

Il y avait aussi tous ces gens des châteaux - Des châteaux, il y en a dix aux alentours du village - Ces gens-là s'exprimaient dans un français de choix, que ni le prêtre, ni l'intellectuel du village n'osaient imiter. Ainsi j'imagine que parlait Madame de Sevigné, que je n'ai jamais ouïe, bien sûr ! mais qu'il me semble néanmoins entendre quand je lis ses écrits.

Bref ! c'est à partir de ce moment-là que je me mis à avoir honte de ma langue, et que je ne voulus plus parler patois. Cela a duré longtemps, longtemps ...

Dans les années cinquante, les gens d'ailleurs sont arrivés. La plupart, des régions du Nord, venaient passer leurs vacances au bord de mer, ou dans nos campagnes pour profiter du soleil et de l'air pur.

Soun revengu l'an d'après. An trouva que nouastre païs èro bèu. - Pèr eisèmple !.. s'en erian jamai avisa ! ... Soun vengu toujour mai noumbrous, lei pocho pleno de sòu. Nous an fa lusi sei dardeno. Nous an tant bèn embarluga que li avèn chabi nouàstrei campas, nouàstrei restanco...

Fòu dire qu'erian paure, aquélei trouas de bèn nous rapourtavon tant pau leis avèn sacrifica sènso regrèt.

Oh! nouàstrei rèire, vous plourés pas ! ...

Aquélei gènt, subran an fa basti d'oustau, d'oustalas coumo de pichoun castèu; se li soun embaragna; an cava de pous dins lei coualo seco; d'aigo lindo a sourgi, bluro coumo la mar, coumo lou ciel, e n'an rempli sei piscino. Alor, pau à pau, m'es revengu l'enveio de retrouba ma lengo, de reveia ce qu'aviéu leissa durmi durant tant d'annado.

Ai las ! la nue es estado longo, - tròu longo belèu ! -

Lei vièi soun parti. E tambèn encuei avèn fouaço peno pèr s'atrouba quatre vo cinq sus la plaço de l'agliso pèr pousqué charra prouvençau.

Ils sont revenus l'année suivante. Ils ont trouvé que notre pays était beau - Par exemple ! ... nous ne nous en étions jamais aperçus ! ... Ils sont venus toujours plus nombreux, les poches pleines, nous offrir leur argent en échange de nos terres. Eblouis par leurs offres alléchantes, nous leur avons vendu nos coteaux, nos collines, nos oliveraies.

Il faut dire que nous étions pauvres, ces maigres arpents nous rapportaient si peu. Nous les avons sacrifiés sans regret.

Oh ! nos chers anciens, ne pleurez pas ! ...

Ces gens-là ont aussitôt fait bâtir leurs maisons, parfois de petits châteaux, qu'ils ont soigneusement clôturés. Ils ont creusé des puits dans la colline sèche, de l'eau claire a jailli, bleue comme la mer, comme le ciel, ils en ont rempli leurs piscines. C'est alors que, peu à peu, m'est revenue l'envie de retrouver ma langue, de réveiller ce que j'avais laissé dormir durant tant d'années.

Hélas ! la nuit a été longue ! – trop longue peut-être ! -

Les vieux sont partis. Et voilà qu'aujourd'hui nous avons peine à nous retrouver quatre ou cinq sur la place de l'église pour parler un peu provençal.

Perqué, après tant d'annado, mi prengué l'enveio d'ana mi proumena dins leis alentour dóu vilàgi ? Fuguèssi puro resta au miéu, siau, asseta souto lou tihu, un libre sus mei ginous, en plaço d'ana mi desavia dins aquelo embouscado ?

Lou fèt es qu'un bel après-dina de mai partèri e m'endraièri dins un d'aquélei camin qu'aviéu treva tant de còup a passa tèms en anant fatura moun bèn. Au bout d'uno lègo, trouvèri uno baragno d'auciprès que ribejavo lou camin. A mita d'aquelo baragno, uno griho barravo l'intrado d'uno prouprieta.

Doui chinas se li dreissèron e m'encoubissèron. Uno alèio caladado menavo à-n-uno demouero d'aspèt impausant. Uno fremo pareissé à-n-uno fenèstro : "Ah ! encore un maraudeur !"

Un còup de fusiéu qu'aurié peta à meis aureio m'aurié pas fa mai de mau.

- Un maraudeur ! ...

Restèri un moumen abasourdi.
pui beissèri la tèsto, e, plan, plan,
m'entournèri.

Va diéu sènso vergougno, aviéu enveio de mi ploura... Mai, resten pas sus uno noto de tristesso, sus d'un bemòu !
Anen ! zóu ! vène, recampadis, estrangié, moun fraire ! Leven nouastre got que beluguejo e buguen à nouastro amista !

Emé lou respèt que ti dùvi, ti salùdi, Recampadis !

Ma dicho à l'escolo felibrenco de "La Clapouiro" à Sant Martin de La Crau, lou dissato trento-un d'óutobre milo nòu cènt nouananto-vue.

Mais pourquoi donc, après tant d'années, me vint l'envie d'aller me promener dans les champs aux alentours du village ? Fussé-je plutôt resté chez moi, tranquille, assis sous le tilleul, un livre sur mes genoux, au lieu d'aller me fourvoyer dans cette galère ?

Néanmoins, me voici engagé dans un chemin que j'avais si souvent emprunté jadis en allant travailler dans mes champs. Au bout d'une lieue je me mis à longer une haie de cyprès qui clôturait une propriété. Un portail en barrait l'accès.

Deux gros chiens vinrent s'y dresser et M'accueillirent avec des aboiements furieux. Une allée pavée conduisait à une demeure d'aspect imposant. Une femme parut à une fenêtre : "Ah ! encore un maraudeur !"

Un coup de fusil éclatant à mes oreilles ne m'aurait pas fait plus de mal.

Un maraudeur !...

Je restai un moment abasourdi. Puis, baissant la tête, je revins sur mes pas, doucement, doucement.

Je l'avoue sans honte, j'avais envie de pleurer... Mais ne restons pas sur une note de tristesse, sur un bémol !

Allons, viens, nouveau venu, étranger, mon frère ! Levons notre verre étincelant, et buvons à
notre amitié !

Avec le respect que je te dois, je te salue, ami venu d'ailleurs !

Ma prose à l'école félibréenne de "La Clapouiro"
à Saint Martin de Crau, le samedi 31 octobre 1998.

Ventoulado

- 1 -

Lou counouissès aquéu que passo
E que repasso
Au calabrun,
E qu'empasso
De rebalun
Em' un enfrun
Que vous terrasso,
Vo que trevasso
La palun
Coumo un plagnun
Que si tirasso ?

- 2 -

Un bèu quartoun de luno fouarto,
De moun ouarto
L'ai aluca ;
'Mé de redouarto
de bruga
Qu'avié rauba
Dins la Vau-Touarto,
A ma pouarto
S'èro engiéuna
D'amoulouna
De fueio mouarto.

Bourrasque

- 1 -

*Le connaissez-vous celui qui passe
et qui repasse
au crépuscule,
et qui avale
des rebuts
avec une énergie
qui vous terrasse,
ou qui hante
les marais
comme une plainte
qui se traîne ?*

- 2 -

*Un beau soir de pleine lune,
de mon jardin
je l'ai guetté ;
avec un balai
de bruyère
qu'il avait dérobé
dans la Vau-Touarto,
à ma porte
il s'était imaginé
d'entasser
des feuilles mortes.*

- 3 -

E l'entendiéu que jargouniavo,
Marmoutejavo
Entre sei dènt,
Que regretavo
Lou bèu tèms,
Quouro, countènt,
Lei caressavo,
Bello e suavo
Dóu printèms,
E crèsi bèn
Que si plouravo.

- 4 -

Si rapelavo qu'à la bruno,
Sènso qu'uno
Diguèsse: "noun"
Courrié tout-d'uno
Foulatoun
Dins lou valoun
De La Maluno
Faire en caduno
D'escoundoun
Milo poutoun
Au clar de luno.

- 3 -

Je l'entendais jaser,
marmonner
entre ses dents,
il regrettait
le beau temps
où, content,
il les caressait,
belles et suaves
au printemps,
et je crois bien
qu'il pleurait.

- 4 -

Il se rappelait qu'à la brune,
sans qu'aucune
ne dise : "non",
il courait comme
un fou
dans le vallon
de la Malune
faire à chacune,
en cachette,
mille baisers
au clair de lune.

- 5 -

E Magalouno à la lugano,
Soubeirano
De l'estelan,
Lusié crano
Dóu tèms que Jan
Parpelejant
Vers tramountano,
Emé sa cano
Dins la man,
Jan de Milan
Ero en pantano.

- 6 -

Acabaren 'm'uno rebrico
Filousoufico
D'un goust fin:
"Quand Doumenico
A lou mourbin,
Courre, mesquin,
Sènso replico,
Pèr la medico
Au medecin,
Au tabaquin
Cerca sa chico."

- 5 -

*Et Maguelone au clair de lune,
Souveraine
du ciel étoilé,
brillait crânement
pendant que Jean,
clignant des yeux
vers tramontane,
sa canne
dans la main
Jean de Milan
était sens dessus dessous.*

- 6 -

*Nous achèverons avec une rubrique
Philosophique
d'un goût élevé :
"Lorsque Dominique
est inquiet,
il court, mesquin,
sans hésiter,
pour la médecine
chez le médecin,
et chez le marchand de tabac
pour chercher sa chique."*

Lou counouissès aquéu que vèn
Sus lou pounènt
A la nuechado ?..
Parlo souvènt
E toujour bado.
Sei talounado
D'innoucènt
Voualon pas rèn,
E, bèn pesado,
Sa ventoulado
Es que de vènt.

La Mouto, jun 1997

- 7 -

*Le connaissez-vous celui qui vient
sur le ponant
au crépuscule ?...
Il parle souvent,
sa bouche est toujours ouverte,
ses plaisanteries
d'innocent
ne valent rien,
et, bien pesées,
ses élucubrations
ne sont que du vent.*

La Motte juin 1997.

Un Sounet pèr ma Grand (seguido)

De sounet pèr ma grand n'en farai de garbello
Qu'engarbeirounarai quand vendra la meissoun,
Lei poumpounejarai, li metrai la façoun,
Pèr que siegon tant bèu que ma grand èro bello.

Li-òu-z-anarai óufri dins ma fino gorbello
Quouro, dóu "téti plus" s'ausira la cansoun
Qu'autre-tèms cantavian, urous, à l'unissoun,
Elo, l'aucèu e iéu au tèms dei primo-bello.

Bouto ! l'atroubarai, e sènso mi troumpa,
Car dins lou paradis siéu segur que n'i a pas
Que siegon tant graciouso e rìsènto e menudo.

Alor veirai, candi, la justìci, la pas
E l'amour soubeiran dansa d'un meme pas
Davans la verita à sei pèd cando e nudo.

La Mouto, janvié
Milo nòu cènt nouananto-vue.

Un sonnet pour ma Grand-mère (suite)

Des sonnets pour ma grand-mère, j'en ferai des gerbes - Que j'engerberai quand viendra la moisson ; - Je les pomponnerai, j'y mettrai tout mon soin, - pour qu'ils soient aussi beaux que ma Grand-mère était belle.

J'irai les lui offrir dans ma fine corbeille, - lorsque de la mésange on entendra la chanson - qu'autrefois nous chantions, heureux, à l'unisson, - elle, l'oiseau et moi au temps des primevères.

J'en suis sûr, je la trouverai, et sans me tromper, - car dans le paradis, c'est certain, il n'en est pas - qui soit aussi gracieuse, riante et menue.

Alors, je verrai, ébahi, la justice, la paix, - et l'amour souverain, danser d'un même pas - devant la vérité, à leur pied candide et nue.

La Motte,
janvier mil neuf cent nonante-huit.

Quouro es mouart lou pouèto

Ispira de la cansoun de Charle trenet : « L'âme des poètes » créée en 1955.

Quand l'estello a pali e qu'es mouart lou pouèto,
Tóutei plouravon, seis ami,
E leis àngi, quouro es intra au paradis,
L'an festeja coumo un proufèto.

Quouro es mouart lou pouèto e que l'astre a pali,
Seis ami tóutei si plouravon,
E quouro sei coumpan, en terro lou pourtavon,
Trampelejavon, cor-fali.

Noun que pesèsse tròu sus seis espalo nudo,
Dins sa caisso de sause blanc,
Cadun aurié cresu qu'èron de fau semblant,
Tant sa despueio èro menudo.

Despuei que soun calen, ai las ! s'es amoussa,
E que lei campano soun muto,
L'estello, chasco nue, vèn sus sa pèiro bruto,
De soun raioun lou caressa.

E lei lamentacien dóu vènt dins la ramado
Deis auciprès de soun clausoun,
Leis òrrei nue d'ivèr, desgrunon d'ouresoun
Dessus sa toumbo abandounado.

La Mouto, lou sèt d'óutobre
Milo nòu cènt nouananto-vue.

Quand il est mort le poète

Inspiré de la chanson de Charle Trenet : « L'âme des poètes » créée en 1955.

Quand l'étoile a pâli, quand il est mort le poète, - tous ses amis pleuraient. - Et les anges, lorsqu'il est entré au paradis, - l'ont fêté comme un prophète.

Quand il est mort le poète et que l'astre a pâli, - ses amis, tous pleuraient, - Et ses compagnons en le portant en terre - titubaient, défaillants.

Non qu'il fût trop lourd sur leurs épaules nues, - dans sa caisse de saule blanc - sa dépouille était si menue qu'on aurait pu penser - que leur défaillance était feinte !

Depuis que sa lampe s'est éteinte, et que les cloches se sont tues, - l'étoile, chaque nuit vient sur sa pierre brute, - le caresser de son rayon.

Et les lamentations du vent dans la ramure - des cyprès De son cimetière, - Durant les nuits tourmentées d'hiver, Egrènent des prières - sur sa tombe abandonnée.

*La Motte, le sept octobre
mil neuf cent nonante-huit.*

A Estièni Percivalle,
Ounoura de la cigalo d'argent dóu felibrige pèr la Santo-Estello que s'es debanado à *Grasso dóu 21 au 25 de mai 1999.*

Cigalo d'Estièni

Quouro miejour, rèi de l'estiéu
Espandisse la calourasso
Sus la séuvo e dins lei courtiéu,
Coumo doui carougnié catiéu,
Lou courpatas emé l'agasso
Si trufon dins l'estoufourasso

Dóu cigaloun estavani:
- " L'autoun deja pico à ta pouarto,
E l'ivèr bèn lèu va veni,
Toun jargoun a ges d'aveni,
Toun charabia, lou vènt l'empouarto,
Moun paure ami ta lengo es mouarto."

" Arrèsto toun cascarelun,
Vies pas que nous roumpes la tèsto ?
Toun brounzinàgi, toun parlun
Nous secon la guèto, e degun,
Plus degun pèr t'ausi s'arrèsto,
Vai, sènso tu faren la fèsto."

- Proufetisavon tóutei dous
Uno astrado pleno d'auvàri :
- " Veici lei tèms avenidou,
E dins lou grand recatadou
Que pounchejo au tresen milenàri,
Periran lei minouritàri."

A Etienne Percivalle ,
honoré de la Cigale d'argent du félibrige pour la Santo-Estello qui s'est déroulée à Grasse du 21 au 25 mai 1999.

Cigale d'Etienne

Lorsque midi, roi de l'été – répand la grande chaleur – sur la colline et dans les jardins, - comme deux charognards misérables, - le corbeau et la pie – se moquent, dans la touffeur

Du cigalon défaillant : - " L'automne déjà frappe à ta porte, - et l'hiver bientôt va venir, disaient-ils - ton jargon n'a aucun avenir, - ton charabia, le vent l'emporte, - mon pauvre ami ta langue est morte. "

" Arrête ton caquet, ne vois-tu pas que tu nous casses la tête ? – Ton bourdonnement, ton bavardage – nous agacent, et personne, - absolument, pour t'écouter ne s'arrête, - va, sans toi nous ferons la fête. "

Ils prophétisaient tous-deux une destinée pleine de malheurs : - " Voici les temps nouveaux qui arrivent, et dans le grand bouleversement – qui s'annonce au troisième millénaire, - périront les minoritaires. "

- *M*ai la bavasso dóu grapaud
Ategne pas la tourdourello,
Que, sourdo à sei marrit prepaus,
Vounvounejo sènso repaus,
E persiègue la cantarello
Sa lancejanto cantinello.

*V*aqui pamens que sa cansoun
S'ennivoulisse d'enquietudo,
Car s'avèro qu'à l'ourizoun
Lou bramadis deis agassoun
Devèn la voues dei multitudo
Que mai que mai pren d'amplitudo.

- " *C*anto quand meme ei quatre vènt,
Quiero plus fouart que l'endoulibre,
Pèr fin que gardon lei jouvènt
Un pau de fe dins l'an que vèn,
E qu'à toun envanc lei felibre
Rèston la voues d'un pople libre."

" *B*ord que siés lou mignot simbèu
Deis aparaire de la lengo
Que luchon pèr que lou flambèu
Rèste lusènt e flame-bèu,
Que noun tarisse toun arengo
E que, noun si teise ta lengo. "

La Mouto, lou 18 de setembre 1999

Estièni a defunta lou 24 de desèmbre 1999.

Mais la bave du crapaud – *n'atteint pas la tourterelle,* - *qui, sourde à leurs mauvais propos,* - *bourdonne sans repos,* - *et la chanteuse poursuit* – *sa lancinante cantilène.*

Voici néanmoins que sa chanson – *se teinte d'inquiétude,* - *car il s'avère qu'à l'horizon* – *le brouhaha des jeunes pies* – *devient la voix des multitudes* – *qui, de plus en plus prend d'amplitude.* –

" Chante tout de même aux quatre vents, - *crie plus fort que l'orage,* - *afin que les jeunes gardent un peu de foi dans l'an qui vient,* - *et qu'à ton élan les félibres* – *restent la voix d'un peuple libre. "*

" Et puisque tu es le mignon symbole – *des défenseurs de la langue* – *qui luttent pour que le flambeau* – *reste brillant et reluisant,* - *que ta harangue ne tarisse pas* – *et que ne se taise pas ta langue. "*

La Motte, le 18 septembre 1999.

Etienne nous a quittés le 24 décembre 1999.

Jan Lu

Pardouno-mi, Jan-Lu, se t'ai rèn fa dissato; *
Ai prefera jouï, soulet dins moun cantoun,
En viant toumba sus tu, coumo plueio d'autoun,
Un delùvi d'ounour 'mé d'espressien eisato.

Pèr ti bèn-astruga ai pas 'gu la maniero;
Mai encui, calme, siau, t'óufri mei coumplimen;
De lausenjo, de joio, e d'aplaudissamen,
N'as agu, l'autre jour, mai qu'un can a de niero.

L'emoucien a gagna tant d'ome que de fremo
Quand la cigalo d'or a lusi sus toun pié;
Lou silènci s'es fa, que plus degun roumpié,
E se n'es vist de bèu essuia 'no lagremo.

Puei n'en vouas d'estrambord après l'espingoulado!
Aqui d'embrassamen, de souvèt generous,
De musico, de cant, de bràndi vigourous,
De toucamen de man, de poutoun, d'acoulado!

Mai, ve ! t'afousques pas, t'òu diéu sènso maliço,
Ce que fuguè pèr iéu lou trelus de la gau,
Es quouro vouastro rèino, après lou festenau,
Es vengudo durmi dessouto ma tóurisso.

La Mouto, lou 28 d'óutobre milo nòu cènt nouananto-nòu.

---

* Lou dissato 23 d'óutobre 1999, Jan-Lu Doumenge
es esta proumóugu Majourau dóu Felibrige, à 37 an.

Jean-Luc

*P*ardonne-moi, Jean-Luc, si je n'ai rien dit pour toi samedi*; - J'ai préféré jouir seul dans mon coin – en voyant tomber sur toi, comme une pluie d'automne, - un déluge d'honneurs et de justes éloges.

*P*our te féliciter dignement je n'ai pas trouvé la manière - ; mais aujourd'hui, calme, serein, je t'offre mes compliments ; des louanges, des joies, des applaudissements, tu en as eu samedi, plus qu'un chien ne peut avoir de puces.

L'émotion a gagné aussi bien les hommes que les femmes – quand la cigale d'or a lui sur ta poitrine ; - Le silence s'est fait, que personne ne rompait, - et combien, furtivement, ont essuyé une larme !

*P*uis, quel enthousiasme après l'épinglage de la cigale ! – en voilà des embrassades, des souhaits généreux, - de la musique, des chants, des danses effrénées, - des félicitations, des accolades !

*M*ais, ne t'offusques pas, je te le dis sans malice, - ce qui fut pour moi le sommet de la joie, - c'est lorsque votre reine, après le festival, - est venue dormir sous mon toit.

La Motte, le 28 octobre mille neuf cent nonante neuf

---

* *Le samedi 23 octobre 1999, Jean-Luc Domenge a été promu Majoral du Félibrige, à 37 ans.*

Sant-Doumenico-Flòri

Vène dins moun peïs, Sant-Doumenico-Flòri,
Vène dins moun peïs, saras lou bèn-vengu,
Ei gènt de moun endré li agradaras segu,
E de ti faire ounour si faran uno glòri.

Au miéu, a passa tèms, neissè la Republico,
Lei rèire, de soun sang pintèron soun drapèu,
Entre lei bèu peïs, lou miéu es lou plus bèu,
Sènso que pèr acò noun siegue l'Americo.

Ravi, descurbiras nouastro filousoufio,
La gènto discrecien de nouastro carita,
E saras acuï en touto verita,
Sènso ges de soupçoun ni de senoufoubìo.

Es óublida lou tèms que, talo uno chavano
Que toumbo sus l'eirau e que nègo lou gran,
Arribavo tambèn la tribu de toun grand,
Desbarcant seis enfant à plénei caravano ;

Saint-Dominique-Fleur

(La traduction française ne peut être chantée sur cette musique.)

Viens dans mon pays, Saint-Dominique-Fleur, - viens dans mon pays, tu seras le bienvenu, - Tu plairas sûrement à mes compatriotes, - et, de te faire honneur, ils se feront une gloire.

Chez moi, jadis naquit la République, - nos aïeux, de leur sang peignirent son drapeau, - entre les beaux pays, le mien est le plus beau, - sans qu'il soit pour autant l'Amérique.

Ravi, tu découvriras notre philosophie, - l'aimable discrétion de notre charité, - et tu seras accueilli cordialement, - sans aucun soupçon, ni xénophobie.

Il est oublié le temps, où, tel un violent orage - qui s'abattait sur l'aire où l'on foulait le blé, et qui noyait le grain, - arrivait ton grand père et sa tribu, - débarquant ses enfants à pleines caravanes.

Dins un relarg oumbrous bourdant la palunaio,
En visto deis oustau, arrestavo sei pas,
Car l'agradavo fouaço aquelo isclo de pas
Ounte tout à lesé jugavo sa marmaio.

En lou viant arriba 'mé soun fais d'aumarino,
Sei sagno de palun, sei gouarbo, sei panié,
Tout acò s'escridavo : "Es eici lou vanié!
Guèiro lou galinié, li a lou raubo-galino!"

Lei fremo vous vendien d'ùnei dentello au mètre,
Que mesuravon, proumto, emé soun bras tendu;
Vous avisavias puei que vous avien vendu
De mètre que fasien nouananto centimètre.

Encaro benurous se fasien pas faudado
Sei drole sarnihaire, aprendis raubadou,
Dins l'ouart, d'uno ensalado, e sus lou lavadou,
De l'ounço de saboun pèr megardo óublidado.

E tu, Sant-Doumenico, ounte leis aviés presso
Lei roso de jardin, tout-bèu-just en boutoun,
Touto fresco de nue, que veniés, d'escoundoun,
Romeò de vounge an, óufri à ma mestresso ?

Es ensin que tei gènt, rempli de counvenènci,
'M' un delicat gentun, venien nous vesita;
Pamens, au founs dóu couar, en touto verita,
Gàrdi d'aquéu vièi tèms la douço souvenènci.

Rapello-ti lou jour que ferian counouissènço,
Un sourrire en passant, e si sian aplanta;
M'óufrères l'agassoun que veniés d'aganta,
Ti dounèri vint sòu à tu que n'ères sènso.

*D*ans un endroit ombreux bordant le marais, - non loin des maisons du village, il arrêtait ses pas, - car il affectionnait cet îlot de paix, - où tout à loisir jouait sa marmaille.

*E*n le voyant arriver avec son fagot d'osiers, - ses roseaux palustres, ses corbeilles, ses paniers, - on s'écriait à la ronde : "Le voilà le vannier ! - gare au poulailler, il est arrivé le voleur de poules !"

*L*es femmes vous vendaient de la dentelle au mètre, - qu'elles mesuraient, vives, de leur bras tendu, - et l'on s'apercevait plus tard qu'elles vous avaient vendu - des mètres qui ne mesuraient que nonante centimètres.

*E*ncore bienheureux s'ils ne rapinaient pas, - leurs gamins fureteurs, apprentis maraudeurs, - dans le jardin, d'une salade, et, sur le rebord du lavoir, - du petit morceau de savon par mégarde oublié.

*E*t toi Saint-Dominique, où les avais-tu prises - les roses de jardin à peine écloses, - encore fraîches de la nuit, que tu venais, en cachette, - Roméo de onze ans, offrir à ma maîtresse ?

C'est ainsi que tes gens, remplis de convenances - avec une délicate gentillesse, venaient nous visiter ; - Néanmoins au fond du cœur, en toute vérité,- je garde de ce vieux temps la douce souvenance.

*R*appelle-toi le jour où nous fîmes connaissance, - un sourire en passant, et nous nous sommes arrêtés, - tu m'offris la jeune pie que tu venais de capturer,- je te donnai vingt sous à toi qui n'avais rien.

'Mé l'espountanita naïvo dóu jouine iàgi,
Subran, coumo larroun si sian adevengu,
Miés que ce que si soun jamai endevengu
Nouàstrei bouan vilajan, 'mé vàutrei, gènt dóu viàgi.

Fuguerian lèu d'ami, e, l'escolo acabado,
M'esperaves souvènt au soulèu trecoula;
Partejavian moun pan, moun trouas de choucoulat,
Tu mi fasiés presènt de noui qu'aviés raubado.

Envejàvi toun sort, bord qu'èro l'evidènci
Que, dóu tèms qu'à l'escolo amiràvi lou cèu,
Tu landaves, urous, libre coumo l'aucèu,
Sutile enfant dóu vènt e de la prouvidènci.

La fam qu'aviés d'aprendre èro pamens avido,
Amiraves moun libre coumo un talisman,
N'en beviés chasque mot, e iéu, guidant ta man,
T'apreniéu à legi quand m'apreniés la vido.

Mi counvidères puei dins ta cour dei miracle,
Teis ome, mi disiés, soun que d'ome de bèn,
Mai pamens n'aviéu pòu - e dei fremo tambèn
Que lièjon dins ta man e que ti dien d'ouracle.

Mèro, sacherias pas qu'un sero m'enanèri,
'Mé vouastro permissien, au trecoul dóu souléu
Rejougne moun ami - v'en douterias belèu -
M'óu demanderias pas, iéu nimai v'óu diguèri.

Oh! tei doui bras tendu, oh! minuto benido,
Acuei qu'auriéu vougu que durèsse toujour
Quouro m'as presenta, dins lou declin dóu jour
Ta noumbrouso famiho en ceucle reünido.

Avec la spontanéité naïve du jeune âge, - sur-le-champ, comme larrons en foire nous nous sommes entendus, - mieux que ne surent jamais s'accorder - nos sédentaires villageois avec vous, gens du voyage.

Très vite nous fûmes amis, et, l'école terminée, - tu m'attendais souvent au soleil déclinant ; - nous partagions mon bout de pain, mon chocolat, - toi tu m'offrais des noix que tu avais dérobées.

J'enviais ton sort, car enfin, c'était l'évidence - que, pendant qu'à l'école je bayais aux corneilles, - toi tu courais, heureux, libre comme l'oiseau, - subtil enfant du vent et de la providence.

Tu avais néanmoins une avide faim d'apprendre, - tu admirais mon livre comme un talisman, - tu en buvais chaque mot, et moi, guidant ta main, - je t'apprenais à lire quand tu m'apprenais la vie.

Tu m'invitas un jour dans ta cour des miracles, - tes hommes, me disais-tu, sont des gens de bien, - moi cependant j'en avais peur,- pareillement des femmes - qui lisent dans vos mains en disant des oracles.

Vous n'avez jamais su, ma mère, qu'un soir je m'en fus, - avec votre permission, au coucher du soleil - rejoindre mon ami, vous vous en doutâtes peut-être, - vous ne m'avez rien demandé, et moi je n'ai rien dit, non plus.

Oh ! tes deux bras tendus, oh! minute bénie, - accueil que j'aurais voulu voir durer toujours, - lorsque, prenant ma main, dans le déclin du jour, - tu m'as présenté à ta famille réunie.

Proumié fuguè toun grand, que la facho ruscado,
Au fue qu'avien abra, coumo un brounze lusié,
E que la moustachasso negro, quand risié,
Semblavo danseja davans la flambuscado.

Crentous e sujuga, davans éu m'aplantèri,
Relucant lou vióuloun que tenié dins sei bras;
Despuei, mau-grat lou tèms, ai jamai denembra
Quant, dins seis iue bagna floutavo de mistèri.

En viant moun emoucien, mi diguè, l'èr estràngi :
"As escouta, la nue, prega leis auceloun?"
E, quand souto l'arquet fé ploura soun viouloun,
Cresèri vèire au cèu s'aginouia leis àngi.

Le premier fut ton grand-père, dont la face burinée, - au feu qu'ils avaient allumé, comme un bronze luisait, - et dont l'énorme moustache noire, quand il riait, - semblait danser devant la flambée.

Craintif et subjugué, devant lui je restai interdit, - fixant le violon oublié - combien, dans ses yeux mouillés flottait de mystère.

Voyant mon émotion, il me dit, l'air étrange - "As-tu écouté, la nuit, prier les oiseaux ? "- Et lorsque sous l'archet il fit pleurer son violon, - je crus voir au ciel s'agenouiller les anges.

Leis àngi dóu passat, coumo d'aucèu de passo,
Fugiguèron bèn lèu dins lou cèu ensourni.
Persegui de pertout, Gitan e Roumani,
Pèr d'órrei dessena fuguèron pres en casso.

Se siés encaro viéu, e se poudiés m'entèndre,
Tant que dins lou gavai mi rèsto un fiéu de vouas,
T'assegùri, Sant-Dou. que pouades, quouro vouas,
Encò de toun ami, sènso crento ti rèndre.

Se d'asard siés soulet, vène dins ma cahuto;
Lou jour qu'as lou mourbin, grato à moun fenestroun,
Partejaren à dous lou pan e lou litroun,
E jugaren ensèn, se vouas, de la flahuto.

S'un jour piques au miéu, Sant-Doumenico-Flòri,
E qu'ai plus à t'óufri lou mendre escapouloun,
Prendren, iéu, ma flahuto, e tu, toun vióuloun,
E musiquejaren pèr Diéu e pèr la glòri.

La Mouto, abriéu
Milo nòu cènt nouananto-nòu.

Les anges du passé, comme des oiseaux migrateurs, - fuirent bientôt dans le ciel assombri. - Poursuivis partout, Gitans et Romanichels, - par d'horribles fous furent pris en chasse.

Si tu es encore vivant, et si tu peux m'entendre, tant qu'un filet de voix me reste dans la gorge, - Saint-Dominique, tu peux, quand tu voudras, - chez ton ami, sans crainte te rendre.

Si par hasard tu te retrouves seul, viens dans ma cahute, - le jour où tu as du chagrin, gratte à ma fenêtre, - nous partagerons à deux le pain et le litron, - et nous jouerons ensemble, si tu veux, de la flûte.

Si tu frappes un jour chez moi, Saint-Dominique Fleur, - et que je n'ai plus les moindres reliefs à t'offrir, - nous prendrons, moi, ma flûte, et toi, ton violon, - et nous musiquerons pour Dieu et pour la gloire.

La Motte, au mois d'avril
mil neuf cent nonante-neuf.

La Moustiero en Prouvènço

Lou bouchié de la grand carriero
Dóu vilàgi de La Moustiero,
A ferma sa boutigo e tanca l'apounchié.
E la Moustiero touto entiero
Es en desoulacien de perdre soun bouchié ;
De perdre subre-tout soun poulit prefachié,
Uno graciouso prefachiero,
Qu'èro sa fiho, la bouchiero.

Es la segoundo boutigueto
Que dins sièis mes fa cabusseto ;
Li a sièis mes que, d'efèt, avié plega l'envans
L'espiciero de la placeto,
E lou banc óublida sèmblo que creido en van
Lei que van, lei que vènon, e, souto l'auvans,
A la sesoun dei pascaleto,
Vendran nicha leis andouleto.

D'espiçarié n'en rèsto qu'uno
Vivoutejant dins la Coumuno ;
Ai las ! la clientèlo avaro que li vèn
E que lou boutiguié placejo proun souvèn...
Fa que lou boutigoun es fouarço carivènd,
E la pratico lou deserto proun souvènt...
Mau-grat que s'estrème à la bruno,
L'espicié fara pas fourtuno.

La Moûtière en Provence

Le boucher de la grand' rue – du village de La Moûtière – a fermé définitivement sa boutique. – Et la population tout entière – est désolée de perdre son boucher ; - et de surcroît son agréable ouvrière, - qui n'était autre que sa gracieuse fille.

C'est le second petit commerce – qui en six mois fait la culbute ; - Il y a six mois, en effet, qu'elle avait replié son auvent – l'épicière de la placette, - et le banc oublié, semble héler en vain - ceux qui vont, ceux qui viennent, et, sous l'avancée du toit, - à la saison des pâquerettes, - viendront nicher les hirondelles.

Il ne reste qu'une épicerie – vivotant dans la commune – car hélas ! la rare clientèle qui vient – dépenser vingt francs trois fois par lune, - ne permet pas au petit épicier de lutter face aux grands magasins de la ville voisine, - aussi sa boutique est-elle souvent déserte. – Bien que travaillant de l'aube à la nuit, - l'épicier ne fera pas fortune.

E iéu pamens li rèndi óumàgi
Pèr sa countùni, soun couràgi.
S'un jour fermo, alassa de soun tren fatigant,
Sara pèr nautre bèn daumàgi ;
E la vièio Ninoun, soun ensèmble elegant,
Si rendra 'mé lou car, à la vilo, au « Gigant »
Quand sara mouart nouastre vilàgi,
Pèr croumpa 'n eitò de froumàgi.

Quouro veiren la grand carriero
E la plaço de La Moustiero,
Sènso bouchié, sènso espicié, ni boulengié,
Coumo fara Ninoun pèr si tira dóu lié ?
Car si faudra reveia d'ouro
Pèr si rèndre au grand magasin,
Lou car passo de tant bouano ouro !...
Ti tire pas soucit acò, dis soun vesin :
Manjaren de broussin en plaço de froumàgi,
Quand sara mouart nouastre vilàgi.

La Mouto, janvié milo nòu cènt nouananto-nòu.

Et moi je lui rends hommage – pour sa persévérence et son courage. – s'il abandonne, un jour, lassé de sa vie fatigante, - ce sera pour nous bien dommage ; - Et la vieille Ninon, son ensemble élégant, - devra se rendre, avec le car, à la ville, au " Géant " - quand notre village sera mort, - pour acheter un hecto de fromage.

Quand nous verrons la grand' rue – et la place de La Moûtière, - sans boucher, sans épicier, ni boulanger, - comment fera-t-elle Ninon, pour se tirer du lit ?... - Car il faudra se lever tôt – pour se rendre au grand magasin, - le car passe de si bonne heure ! - Que cela ne te chagrine pas, lui dit son voisin : - Nous mangerons des brousses en guise de fromage, - lorsqu'il sera mort, notre village.

La Motte, janvier mille neuf cent nonante-neuf.

" **D**'aquélei gourrin de sujountiéu dóu
verbe AGUE, que vous farien desparla,
e que soun belèu l'encauvo que nouastro
lengo es tant mespresado!"

1 - Lou Presènt

- **P**roumiero persouno – (leis escuso)

Qu'àgui, countrit, crentous, Madamo la Coumtesso,
En dansant emé vous, cauciga vouàstrei pèd,
Vòu pas dire, pamens, qu'àgui ges de respèt
Nimai qu'àgui envès vous manca de poulitesso.

- **S**egoundo persouno - (la coustatacien)

Qu'agues sus toun capèu uno flour rapegado,
E qu'agues à la bouco uno cansoun d'amour,
Es un signe evidènt de ta charmanto imour,
E la provo tambèn que la vido t'agrado.

- **T**resièmo persouno - (l'estounamen)

M'estouno de Ninoun, qu'ague pas sus la taulo
Pausa la napo blanco ei ple beluguejant,
E qu'ague pas rempli lei got tintinejant,
'Mé soun poulit sourrire e sènso uno paraulo.

- **Q**uatrièmo persouno - (lei recoumandacien)

Fau pas, coumo de buou, qu'aguen la tèsto basso,
Vo bèn, coumo Medor, lou can dóu rabassié,
Qu'aguen lou nas terrous, lou mourre tracassié,
E qu'aguen lou mentoun que sènte la rabasso.

- **C**inquièmo persouno – (la justìci)

Qu'aguès, en grimassiant, travaia tant d'annado
Pèr que, dins vouastre oustau l'ivèr siegue plus dous,
E qu'aguès poumpouna vouastre recatadou,
S'enmerito qu'aguès uno bello autounado.

- **S**ieisièmo persouno - (la ràbi)

Qu'agon begu moun vin, qu'agon bèn fa riboto,
Qu'agon pres lou mihou, es provo qu'an bouan nas,
Mai ce que mi fa peno de li pardouna,
Es qu'agon recampa lei vuege dins ma croto.

La reviraduro d'aquéu tèste sarié fadasso, sènso óudour e sènso sabour.

Qu'on ne soit pas étonné de ne pas trouver ici la traduction de ce texte : Elle serait sans intérêt, fade, sans odeur et sans saveur ; et de surcroît, sans esprit.

2 - L'imperfèt

- **P**roumiero persouno – (l'enveio)

Ah ! s'aguèssi rauba lei poum deis Esperido !
E qu'aguèssi de sòu tant qu'a de niero un can !
Pourriéu croumpa de vin e buoure quatecant,
Pèr nega lou malan qu'empouisouno ma vido.

- **S**egoundo persouno – (lou mesprés)

Qu'aguèsses puro dins toun got de boumitòri,
Pèr ti douna l'abourrimen dóu vin nouvèu,
Pèr que ti vèngue en òdi l'òli de gavèu,
E que, de toun malan siegue l'escapatòri !

- **T**resièmo persouno - (lou counsèu)

Noun pas ti leissa libre, coumo a fa toun paire,
Aurié bèn miés vougu, en bouan educatour,
Qu'aguèsse, sus tei det, emé fouarço vigour,
Pica quàuquei bouan còup, coumo aurié degu faire.

- **Q**uatrièmo persouno - (lou gentun)

Es dins aquéu discours rempli de bèn-voulènci,
De prepaus amistous, de discrèto atencien,
E sènso qu'aguessian liga counversacien,
Qu'ensin m'arresounè Moussu Cago-Prudènci.

- **C**inquièmo persouno - (la menaço)

Bouan moussu, vous qu'avès de dardéno à pougnado,
Gardas vouàstrei counsèu pèr vouàstrei bèus enfant,
Si pourrié qu'aguessias coumo iéu un jour fam ;
Marfisès-vous, bourgés, de la bèsti encagnado.

- **S**ieisièmo persouno – (la rougno)

Tóutei vouàstrei parié, qu'aguèsson la magagno !
Qu'aguèsson tant que iéu uno astrado de chin !
Que coumprenguèsson puei l'amplour de moun pegin,
Quand mi veiran pendu au fust d'uno baragno !

Siegue agouni qu mau n'en pènso !

La reviraduro d'aquéu tèste sarié fadasso, sènso óudour e sènso sabour.

Qu'on ne soit pas étonné de ne pas trouver ici la traduction de ce texte : Elle serait sans intérêt, fade, sans odeur et sans saveur ; et de surcroît, sans esprit.

La Mouto, nouvèmbre milo nòu cènt nouananto-vue.

Tòni

Moun ami Tòni s'es brouia
Emé sa fiho Julia,
Pèr causo que s'es maridado -
Aquelo cauvo si fa pas !
S'es maridado 'm' un curat.
Dins nouastro bouano soucieta
Aquelo cauvo si fa pas:
Emé sa fiho s'es brouia.

Quouro parté, sa Julia,
Au bras de soun pourit curat,
Cresé mouri, moun ami Tòni,
L'eimavo tant, sa Julia !
L'eimavo tant, sa Julia !
Tre que si soun avalisca,
Sus lou lindau s'es asseta,
E, d'infourtuno, s'es ploura.

Toine

*Mon ami Toine s'est brouillé
Avec sa fille Julia,
Parce qu'elle s'est mariée -
Cette chose ne se fait pas !
Elle s'est mariée avec un curé.
Dans notre bonne société
Cette chose ne se fait pas ;
Avec sa fille il s'est brouillé.*

*Lorsqu'elle partit, sa Julia,
Au bras de son joli curé,
Il crut mourir, mon ami Toine,
Il l'aimait tant, sa Julia !
Il l'aimait tant, sa Julia !
Dès qu'ils eurent disparu,
Sur le seuil il s'est assis,
Et, d'infortune, il a pleuré.*

Au tèms vengu de meissouna,
Quouro fougué coupa lei blad,
S'es pas leva, moun ami Tòni,
Pèr encapa, ni pèr sega;
De bouan matin s'es pas leva.
A tout lou jour tourdoureja;
S'èro jamai sentu tant las
Quand lou soulèu a trecoula.

Lou gau-galin dóu mes d'abriéu,
Leis andouleto sus lou fiéu,
Lou roussignòu que la nue canto
Pèr soun estello tout l'estiéu,
Plus rèn de rèn li es agradiéu.
Trèvo pèr orto, pensatiéu,
Trantaiant e malancouniéu,
Paure mesquin, paure catiéu.

Revengué puei, sa Julia,
Un jour d'abriéu 'mé lei lila.
Quand la vigué, moun ami Tòni,
'Mé sei marmot, 'mé soun curat,
Que n'avié un sus chasque bras;
A, cor fali, ri e ploura...
A vougu prendre dins sei bras
La troupo d'àngi qu'a passa.

*Q*uand vint le temps de la moisson,
Lorsqu'il fallut couper le blé,
Il ne s'est pas levé, mon ami Toine
Pour affûter sa faux, ni pour faucher,
De bon matin il ne s'est pas levé -
Tout le jour il a rôdé sans but ;
Il ne s'était jamais senti si las
Quand le soleil a disparu.

*L*e coquelicot du mois d'avril,
Les hirondelles sur le fil,
Le rossignol qui, la nuit, chante
Pour son étoile tout l'été ;
Plus rien ne lui est agréable.
Il va, pensif, par-ci, par-là,
Titubant et mélancolique,
Pauvre mesquin misérable.

*E*lle revint enfin, sa Julia,
Un jour d'avril, au temps des lilas.
Quand il la vit, mon ami Toine,
Avec ses marmots et son curé
qui en avait un sur chaque bras.
Défaillant d'émotion,
Riant et pleurant à la fois,
Il a voulu prendre dans ses bras
La troupe d'anges qui passait.

Nouastre Paire que sies aou cèu
Toun noum siègue santefica,
Toun règne vèngue sus la terro,
Et, coumo au cèu, ta voulonta
Toujour si fague eici bas.
E lou pan que nous as douna
Garde-nous de lou sacreja,
Li a tant de paure que n'an pas.

Pardouno-nous nouàstrei pecat,
Coumo nautre avèn pardouna
Eis autre tóutei seis escorno
E lei faus tort que nous an fa;
E quand lou mau pounchounara,
Aparo-nous dóu Satanas,
Pèr que, dins l'amour e la pas,
Siegue toun noum glourifica.

A La Mouto, ounte aquelo coumplancho a durmi sèt an, avans d'espeli, au mes de nouvèmbre milo nòu cènt nouananto-vue.

Notre père qui est aux cieux,
Que ton nom soit sanctifié,
Que ton règne vienne,
Que ta volonté soit faite
Sur la terre comme au ciel.
Donne-nous aujourd'hui notre pain de ce jour.

Pardonne-nous nos péchés,
Comme nous avons pardonné
A ceux qui avaient des torts envers nous.
Ne nous expose pas
A la tentation,
Mais préserve-nous du tentateur ;
Et que, dans l'amour et la paix
Ton nom soit glorifié.

A La Motte où cette complainte a dormi pendant sept ans,
avant d'éclore en novembre mil neuf cent nonante-huit.

Bertrand

Ai vougu faire à Marieto
Un coumplimen tout esmougu,
Uno ounourablo counfidènci, uno floureto;
Mai quand lou jour fugué vengu
De m'atrouba soulet 'mé la doumeiseleto,
De rèn mi siéu plus souvengu,
E ma petocho èro coumplèto.

Pèr dire ce qu'aurié fougu,
Auriéu vougu èstre pouèto,
Troubadou, pèr auja de mot qu'aurié begu
En escoutant moun oudeleto;
Ai las ! Picavo tant, moun couar, qu'ai pas pouscu
Carma soun jue de castagneto -
Ai tout mescla, tout counfoundu:

Lou Romèo, la Julieto,
Lei Capulet, lei Montaigu,
Leis amant de Verouno, e Petrarco, e Laureto,
Tóutei, à brand soun revengu;
E dins ma ravacien ai counta de sourneto.
Sabès ce que m'a respoundu?
M'a respoundu: "Vous êtes bête !"

Bertrand

J'ai voulu faire à Mariette – *un compliment tout ému, - une honorable confidence, une petite fleur ; - mais quand vint le jour - où je pus me trouver seul avec la petite demoiselle,- j'avais oublié tout ce que j'aurais voulu dire, - et ma panique était totale.*

Pour dire ce que j'aurais dû dire, - j'aurais voulu être poète, - troubadour, pour oser des mots qu'elle aurait bus - en écoutant mon odelette; - hélas ! mon cœur battait si fort, que je n'ai pas pu - calmer son rythme de castagnettes. - J'ai tout mélangé, tout confondu.

Le Roméo, la Juliette, - les Capulet, les Montaigu, - les amants de Vérone, et Pétrarque, et Laurette, - tous sont revenus, pêle-mêle;- et dans mon délire, J'ai dit des sornettes.- Savez-vous ce qu'elle m'a répondu ? – Elle m'a répondu : "Vous êtes bête !"

REFRIN

Fai de bèn à Bertrand,
Veiras, veiras coumo te lou va rèndre,
Te lou rendra, segu, subran;
Fai de bèn à Bertrand.

La Mouto jun 1999

REFRIN

Fais du bien à Bertrand,
Tu verras, tu verras comme il va te le rendre,
Il te le rendra, sûrement, sur-le-champ ;
Fais du bien à Bertrand.

La Motte, juin 1999

Aquéu que parlavo eis estello

Aquéu que parlavo eis estello,
Tre que venié lou calabrun
E que cercavo dins l'oumbrun
    La Santo Estello.

Tre que venié lou calabrun,
Partié, siloueto menudo,
Mita descaus, la tèsto nudo,
    Au clar e brun.

Partié, siloueto menudo,
Soun pichoun can sus sei taloun,
Camina pèr orto e valoun,
    La nue vengudo.

Soun pichoun can sus sei taloun,
Anavo au Pas de la Maluno,
Faire serenado à la luno,
    'mé soun vióuloun

Anavo au Pas de la Maluno,
Soun vióuloun e soun pichoun can,
Souleto joio dóu pacan,
    E sa fourtuno.

Soun vióuloun e soun pichoun can,
Un long arquet en bandouliero,
Talo uno flècho en soun arquiero,
    Enfust floucant.

Un long arquet en bandouliero,
Uno sansogno entre lei dènt,
Que marmoutiavo en descendènt,
    Vers la rebiero.

Celui qui parlait aux étoiles

Celui qui parlait aux étoiles, - dès que venait le crépuscule, - et qui cherchait dans l'ombre - la Sainte Etoile.

Dès que venait le crépuscule, - il partait, silhouette menue, - à moitié déchaussé, la tête nue, - dans le clair-obscur.

Il partait, silhouette menue, - son petit chien sur ses talons, - courir les champs et les vallons, - la nuit venue.

Son petit chien sur ses talons, - il allait au Pas de la Malune, - faire sérénade à la lune, - avec son violon.

Il allait au Pas de la Malune, - son violon et son petit chien, - seule joie de ce pauvre, - et sa fortune.

Son violon et son petit chien, - un long archet en bandoulière, - telle une flèche en son carquois, - telle une hampe garnie de houppes.

Un long archet en bandoulière, - une chanson monotone entre les dents, - qu'il fredonnait en descendant - vers la rivière.

Uno sansogno entre lei dènt,
Quand puei fasié sa vióulounado,
Lou ferun fasié serenado
    En l'entendènt.

Quand puei fasié sa vióulounado,
Un vièi cabreiret trufarèu
Lou regardavo, l'uei faurèu,
    D'uno cimado.

Un vièi cabreiret trufarèu,
Uno machoto, sa vesino,
Que vèn, la nue, treva lei rouino
    Dei vièi castèu,

Uno machoto, sa vesino,
Roudejavo, coumo autre-tèms
Venié rouda, lou couar batènt,
    La Melusino.

Roudejavo, coumo autre-tèms,
Lei troubadou, lei troubarello,
Venien en troupo jugarello,
    Galo-bouan-tèms.

Lei troubadou, lei troubarello,
Souto la luno e l'estelan,
Castelejavon, gai, galant,
    En ribambello.

Souto la luno e l'estelan,
Vers lou castèu s'acaminavon,
Quouro, l'ivèr, leis esperavon,
    Lei castelan.

Une chanson monotone entre les dents ; - quand parfois il jouait sur son violon. - la sauvagine faisait sérénade - en l'entendant.

Quand parfois il jouait sur son violon, - un vieux chat-huant moqueur, - le regardait, l'œil hagard, - de la cime d'un arbre.

Un vieux chat-huant moqueur, - une chouette, sa voisine - qui vient, la nuit, hanter les ruines - des vieux châteaux ;

Une chouette, sa voisine, - rôdait, comme autrefois – venait rôder, le cœur battant, - la Mélusine.

Rôdait, comme autrefois – les troubadours, les troubarelles, - venaient en troupes joyeuses et enjouées, - sans souci.

Les troubadours, les troubarelles, - sous la lune et le ciel étoilé, - allaient de châteaux en châteaux, aimables, gais, - en ribambelles.

Sous la lune et le ciel étoilé, - ils s'acheminaient vers le château, - lorsque, l'hiver, les attendaient, - les châtelains.

Vers lou castèu s'acaminavon -
Éu tambèn, e soun can negroun,
Es dins lei mémei carreiroun,
    Que roudejavon.

Éu tambèn, e soun can negroun,
Quouro lou mèstre vioulounavo,
La bestiouno viróutejavo
    Dins lou draioun.

Quouro lou mèstre vióulounavo,
Fasié la rodo à soun entour,
Fasié lou bèu, fasié cènt tour,
    puei s'enauravo.

Fasié la rodo à soun entour,
Lou lipejavo de caresso
Trefoulissènto de tendresso
E de baudour.

Lou lipejavo de caresso -
Mai perqué, sute, lou malur,
Fau que cabusse lou bouanur
    Dins la destresso?

Mai perqué, sute, lou malur,
Dins lou tournant d'uno draiolo,
Li venguè prendre sa bestiolo
    Coumo un voulur?

Ils s'acheminaient vers le château. - Comme eux, lui, et son petit chien noiraud, - c'est dans les mêmes petits sentiers - qu'ils rôdaient.

Comme eux, lui et son petit chien noiraud. - Quand le maître jouait sur son violon, - l'animal virevoltait - dans le petit sentier.

Quand le maître jouait sur son violon, - il tournoyait autour de lui. - il faisait le beau, faisait cent tours, - puis sautillait.

Il tournoyait autour de lui, - le caressait à coups de langue, - frétillant de tendresse - et de bonheur.

Il le caressait à coups de langue... - Mais pourquoi, subit, le malheur - vient- il précipiter le bonheur - dans la détresse ?

Mais pourquoi, subit, le malheur, - dans le tournant d'un sentier, - vint lui prendre son petit animal – comme un voleur ?

Dins lou tournant d'uno draiolo,
L'atroubé mouarto uno orro nue,
E dansèron davans seis iue,
    De parpaiolo.

L'atroubé mouarto uno orro nue -
De galapian qu'avien fa fèsto,
E begu tròu de vin qu'entèsto,
    Avien, pèr jue,

De galapian qu'avien fa fèsto,
Avien tua soun paure innoucènt.
Subran, alor, viré lou sèn,
    Perdé la tèsto.

Avien tua soun paure innoucènt,
Distracien sadico e crudello,
De jouvenas sènso cervello,
    De pau-de-sèn ...

Aquéu que parlavo eis estello,
E qu'avié d'ami que soun chin,
A puei trouva la Santo Estello...

Tant mistoulin qu'uno moustelo,
L'an trouva mouart éstou matin
    Souto un pountin,
Aquéu que parlavo eis estello.

La Mouto, janvié 2000

Dans le tournant d'un sentier, - il le trouva mort, une horrible nuit, - Alors, soudain, vinrent danser devant ses yeux, - de petits papillons.

Il le trouva mort, une horrible nuit ; - des garnements qui avaient fait la fête, - et bu trop de vin qui monte à la tête, - avaient, par jeu,

Des garnements qui avaient fait la fête, - avaient tué son pauvre innocent ; - alors, subitement sa raison chavira, - il perdit la tête.

Ils avaient tué son pauvre innocent ; - distraction sadique et cruelle, - de jeunes gens sans cervelle, - insensés et sans cœur.

Celui qui parlait aux étoiles, - et qui n'avait d'ami que son chien, - a enfin trouvé la Sainte-Etoile...

Aussi fluet qu'une belette, - on l'a découvert mort ce matin, - sous un ponceau, - celui qui parlait aux étoiles.

La Motte, janvier 2000

PEIRE

A Pèire André
à la Bastido dei Quatre Auro de Sant-Jóusè de Draguignan,
defunta lou 17 d'avoust 1999.

Pèire

Ami, que, d'escoundoun quiterias la bastido
Que l'alen dei quatre auro eimavo caressa,
Quouro es vengu lou jour de vouastro despartido,
L'avès-ti bèn seguido l'auro qu'a passa ?
Quouro es vengu lou jour de vouastro despartido. ?

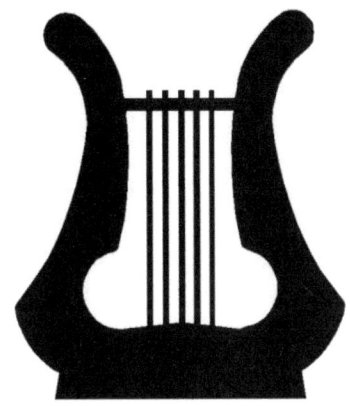

*A Pierre André,
Décédé le 17 août 1999 à la Bastide des Quatre Vents
de Saint-Joseph de Draguignan.*

Pierre

Ami, qui, en cachette, avez quitté la bastide - *que le souffle des quatre vents aimait caresser ; - lorsqu'est venu le jour de votre grand départ, - l'avez-vous bien suivi le vent qui est passé? - Lorsqu'est venu le jour de votre grand départ ?*

Vers quet peïs nouvèu s'enva lou vènt que passo ?
Digas-nous d'ounte vèn lou vènt que va, que vèn,
Que disié la sereno ? E que disié, l'aurasso ?
Aro que va sabès, Pèire dei Quatre-vènt.
Que disié la sereno ? E que disié l'aurasso ?

Furtiéu, avès fugi nouastre valoun de lagno,
E, quand s'es di : "Es mouart !" tóutei si va cresian,
Mai dins l'auro que vèn à travès la campagno,
S'entènde lou murmur dóu Credo de Cassian:
Mai dins l'auro que vèn à travès la campagno.

"A peri tout entié, qué servirié dé neisse !
Dieou qué li vi tan lun, nous forgé pas per ren:
En mouren regrïan; l'ome, quan dispareisse,
va pupla leis estèlo oou foun doou firmamen !" *

Coumo Vitour Gelu, s'èri neissu pouèto !
Auriéu trouva lou biais pèr vous parla d'adaut,
E se, coumo Cassian, fuguèssi esta proufèto,
Vous auriéu dedica lou quatrin à Vidau.
Ah ! se, coumo Cassian, fuguèssi esta proufèto !

Aro, coumo Vidau, amiras leis estello,
E vouàstreis uei nouvèu descuerbon l'infini,
Coumo lou vièi Cassian, avès creba la telo,
Enla nous esperas, coumo éu, à l'embruni.
Coumo lou vièi Cassian, avès creba la telo.

* Vitour Gelu. Chansons provençales.
« Lou Crédo de Cassian .»

Vers quels pays nouveaux s'en va le vent qui passe ? Dites-nous d'où vient le vent qui va, qui vient, - que disait la brise ? Et que disait la tempête ? - Maintenant que vous le savez, Pierre des quatre vents. Que disait la brise? Et que disait la tempête ?

Furtif, vous avez fui notre vallon de peines, - et, quand on a dit : "il est mort" ! tous nous le croyions, - mais dans le vent qui vient à travers la campagne, - on entend le murmure du crédo de Cassien: - mais dans le vent qui vient à travers la campagne.

"A périr tout entier, que servirait-il de naître ! - Dieu qui y voit si loin, ne nous forgea pas pour rien : - en mourant, nous regermons; l'homme, quand il disparaît, - va peupler les étoiles au fond du firmament !" *

Comme Victor Gelu, si j'étais né poète ! - j'aurais eu plus d'habileté pour vous parler d'en-haut, - et si, comme Cassien, j'avais été prophète, - je vous aurais dédié le quatrain à Vidal. - Ah ! si, comme Cassien, j'avais été prophète !

Maintenant, comme Vidal, vous contemplez les étoiles, - et vos yeux nouveaux découvrent l'infini, - Comme le vieux Cassien, vous avez crevé la toile, - là-bas vous nous attendez, comme lui, à la fin du jour. - Comme le vieux Cassien, vous avez crevé la toile.

Victor Gelu. Chansons provençales.
« Lou Crèdo de Cassian .»

* *Aquéu quatrin s'atrobo dins lou libre de Vitour Gelu : "Chansons provençales". Es uno meno de refrin que revèn, coumo uno sansogno, coumpli caduno dei vinto-sèt estrofo dóu "Credo de Cassian", pèr afin de bèn martela à soun jouine ami Vidau, que la vido s'arrèsto pas à la toumbo, e que Diéu nous espèro "à l'embruni".*

Vanés subre-tout pas crèire que tóutei lei cansoun de Vitour Gelu soun de la memo vengudo, n'en sarié pèr provo qu'aquelo que fa suito inmediatamen au "Crèdo", e qu'a pèr titre : "Demòni"; vo bèn aquelo que lou precèdo, e que li dien : "Marteou"; vo bèn uno autro encaro qu'a batejado :"Fenian é grouman".

Coumo que siegue, soun biais realisto, soun escrituro catihouso, escoundon uno grando amo, e leisson devina un ome afouga de justìci, revóuta davans la misèri, e d'uno grando fe.

Si pòu trouva lei cansoun de vitour Gelu encò deis edicien C. Lacour. Couleicien Rediviva. Nime.

* Ce quatrain se trouve dans le livre de Victor Gelu : "Chansons provençales", c'est une sorte de refrain qui revient, insistant, monotone, à la suite de chacune des vingt-sept strophes du "Credo de Cassian", afin d'affirmer à son jeune ami Vidal, que la vie ne s'arrête pas à la tombe, et que Dieu nous attend "à l'embruni",- à la fin du jour.

N'allez surtout pas croire que toutes les chansons de Victor Gelu sont de la même veine, il n'en serait pour preuve que celle qui fait suite immédiatement au "Crèdo", et qui a pour titre - "Demòni"-"Démon"; ou celle qui le précède, et qu'il a baptisée "Marteou"- "Marteau"- ou bien une autre encore, qui a pour titre "Fenian é grouman" - "Fainéant et gourmand".

Quoi-qu'il en soit, son style réaliste, son écriture crue, cachent une grande âme, et laissent deviner un homme affamé de justice, révolté devant la misère, et d'une grande foi.

On peut trouver les chansons de Victor Gelu aux éditions C. Lacour. Collection Rédiviva. Nimes.

Cansoun d'autouno

Cansoun inspirado d'un « pouèmo saturnien »
de VERLAINE.

*Les sanglots longs*Vaqui que vèn *Voici que vient*
*Des violons*Lou marrit vènt*Le mauvais vent*
*De l'automne*De nouvèmbre*De novembre*
Blessent mon cœur Mi zounzouna*Me murmurer*
*D'une langueur*Dóu tèms passat*Du temps passé*
*Monotone.*Lou remèmbre.*Le souvenir.*

*Tout suffocant*Au fue mourènt*Au feu mourant*
*Et blême, quand*Que plouro vèn*Qui pleure, viennent*
*Sonne l'heure,*De fadeto,*De petites fées,*
*Je me souviens*Dansa, la nue*Danser, la nuit*
*Des jours anciens*Davans meis iue,*Devant mes yeux,*
*Et je pleure,*Lei fouleto !*Les follettes !*

*Et je m'en vais*Em'élei, ma*Avec elles, ma*
*Au vent mauvais*Resoun s'en va,*Raison s'en va,*
*Qui m'emporte*Esvanido,*Evanouie,*
*Deçà, delà,*Dins lou fadun*Dans le radotage*
*Pareil à la*Dóu calabrun*Du crépuscule*
*Feuille morte.*De la vido.*De la vie.*

La Mouto, 1995

Louei

Sau lou respèt dei counvenènci,
Uno nue dóu bèu mes de mai,
Nous as tira ta reverènci.
Bouan viàgi, Louei, e longo mai.
Uno nue dóu bèu mes de mai,
Nous as tira ta reverènci.

Capouno*, dins la nue sereno,
Ti cercavo pèr ti parla,
E sentènt que perdiés areno,
Doulènto, à la luno a ourla.
Doulènto, à la luno a ourla,
Capouno, dins la nue sereno.

Quand sian intra au cementèri,
Leis auciprès de toun carra
Rijien aquélei grand gimèrri
De nous vèire tóutei ploura.
Leis auciprés de toun carra
Rijien aquélei grand gimèrri.

Au siéu toun rire si mesclavo,
Quand, dins toun crouas, leis uei en plour,
A-de-rèng, tout acò jitavo
Qu'n pau de terro, qu'no flour.
Qu'n pau de terro, qu'uno flour,
A-de-rèng, tout acò jitavo.

Louis

Sauf le respect des convenances,
Une nuit du beau mois de mai,
Tu nous as fait la révérence,
Bon voyage, Louis, à jamais.
Une nuit du beau mois de mai
Tu nous as fait la révérence.

Capoune*, dans la nuit sereine
Te recherchait pour te parler ;
Sentant que tu perdais haleine,
Folle de peine, elle a hurlé.
Folle de peine, elle a hurlé,
Capoune, dans la nuit sereine.

Quand nous entrions au cimetière,
Les grands cyprès de ton carré,
D'une façon très cavalière,
Riaient de nous voir tous pleurer.
Les grands cyprès de ton carré,
Riaient de façon cavalière.

Avec eux tu riais toi-même
En nous voyant, les yeux en pleurs,
Jeter sur ton cercueil de chêne
Un peu de terre ou une fleur.
Un peu de terre ou une fleur,
Jeter sur ton cercueil de chêne.

De sa grandour nous regardavon,
Pui, sutamen grave e pietous,
Au gardo-à-vous ti saludavon,
Majestousamen respetous.
Pui, sutamen grave e pietous,
Au gardo-à-vous ti saludavon.

E dóu tèms que, beissant la tèsto,
Si retiravian plouradis,
La tèsto au cèu, faien la fèsto
Emé toun amo en paradis.
Emé toun amo en paradis,
La tèsto au cèu, faien la fèsto.

Nous as tira ta reverènci,
Uno nue dóu bèu mes de mai,
Sau lou respèt dei counvenènci,
Bouan viàgi, Louei, e longo mai.
Bouan viàgi, Louei, e longo mai.

*Capouno es la chino de Louei.

De leur grandeur ils regardaient,
Puis, devenant affectueux,
Au garde-à-vous, te saluaient,
Superbement respectueux.
Puis, devenant affectueux,
Au garde-à-vous, te saluaient.

Et, pendant que, baissant la tête,
Nous nous retirions, interdits,
Vers le ciel ils faisaient la fête
Avec ton âme en paradis.
Avec ton âme en paradis,
La tête au ciel ils faisaient fête.

Tu nous as fait la révérence
Une nuit du beau mois de mai,
Sauf le respect des convenances,
Bon voyage, Louis, à jamais.
Bon voyage, Louis, à jamais.

*Capoune est la chienne de Louis.

La Motte, Mai 2000.

Anniversaires

de François et de Jérôme

(10 janvier 1950 et 17 décembre 1974.)

Jérôme et François : Bon anniversaire!
Je n'ai pu trouver que ces mots banals ...
Ils viennent de là, ils sont bien sincères...
J'aurais pu penser plus original,
Mais les vers français, je ne sais pas faire,
Ils n'ont pas pour moi le même mystère
Que ceux que j'essaie, en vieux provençal,
De balbutier dans ma langue mère,
Et si je les dis parfois assez mal,
Ils viennent toujours du fond des viscères,
Surgissant soudain comme le mistral,
Ou venant, discrets, en brise légère,
Porter un parfum dans l'air matinal.

Où *es-tu partie, langue des grands-pères ?*
Qu'on ne parle plus, ou qu'on parle mal,
Et qu'on a jetée dans un sac, en terre,
Ainsi qu'on enterre un vieil animal.

J'*affirme pourtant que c'est la première*
Que j'ai entendue dès l'instant natal
Où Marie Brochi vint aider ma mère
A me mettre au monde un jour automnal.

C*ette accoucheuse, bénévole et fière*
Ne savait parler que le provençal,
Et les premiers mots qui me réveillèrent,
Je les entendis en patois rural :

" Eh bè, pichouno, pouades èstre fiero!
Toun pichoun es bèu e gras coumo un lard!"
*" Eh bien petite, tu peux être fière !
Ton petit est beau et gras comme un lard !"*

*C'était pourtant la langue des trouvères ...
Et les troubadours, lorsqu'il était tard,
Allaient par châteaux et dans les chaumières
Y déclamer le roman de Renart.*

*Dans tout le sud, c'était aussi, naguère,
Le langage des rois et des soudards,
La langue des curés et des notaires,
De l'évêque même, et du cardinal
Qui pendant si longtemps s'en délectèrent.*

*Et monsieur l'abbé, près de son fanal,
Trois fois dans le jour lisait son bréviaire -
En latin?. nàni, mais en provençal.*

*Quand il lui fallait, dans le baptistère,
Ondoyer l'enfant au front virginal,
Il quittait alors son allure austère,
Montait, solennel, sur son piédestal,
Et, dans un grand jet d'eau bénite et claire,
Il le baptisait, grave et magistral ...
En français? mais non, en langue vulgaire.*

*Mais puisque, ce soir Frédéric Mistral
Serait mal venu dans cette atmosphère,
Je laisserai coi mon jargon vassal,
Et, dans la jolie langue de Molière,
Je vous dis mes vœux comme une prière :
Jérôme et François : Bon anniversaire !"*

Janvier 2000

Fadun

N'en parles plus dou tèms passat !
D'aquéu passat que ti carcagno.
Despuei lou tèms que Berto a perdu soun escagno,
Que soun calen s'es amoussa,
D'aigo souto pouant n'a passa,
Barquejant de bouanur e floutejant de lagno;
E qu saup quant despuei de castèu en Espagno
An cabussa !

Li sounges plus au teti-plus,*
S'es avali dins la sourniero,
Coumo la fueio d'or s'en va sus la rebiero
Quouro nouvèmbre es revengu
Metre l'averno e l'ourme nud,
Leis aguènt desvesti de cativo maniero
En fènt toumba plan, plan sa raubo de lumiero
Sus lou flot blu.

Souto lou pouant dei Coumbaroun
Li vagues plus, li a de chimèro
Que trèvon ! e la nue, dien qu'uno orro gimerro
Se li radasso em' un larroun.
Li a plus ni cant, ni passeroun,
Li vènon plus flouri lei viouleto fèro,
E l'aigo dóu sourgènt es plus lindo coumo èro
Dins lou valoun.

* *V.Sounet pèr ma grand, page 96 - Janvié 2001*

Niaiseries

N'en parles plus du temps passé !
De ce passé qui te tourmente. Depuis que Berthe
a perdu son écheveau, Depuis que sa lampe à queue
s'est éteinte, combien d'eaux ont passé sous les ponts,
promenant en bâteau, tantôt du bonheur, tantôt de la peine;
et qui sait combien, depuis, de châteaux en Espagne se sont écroulés ?

N'y penses plus à la mésange,*
elle a disparu dans lombre du temps, comme
la feuille d'or s'en va sur la rivière lorsque
novembre est revenu denuder le verne et l'orme,
les dépouillant de leur parure printanière,
en faisant tomber doucement leur robe de lumière sur le flot bleu.

Sous le pont des Combaron n'y va plus,
il y a des chimères qui rodent, et l'on dit que,
la nuit une horrible créature vient s'y vautrer
avec un larron; il n'y a plus de chants, plus
d'oiseaux, les violettes sauvages n'y fleurissent plus,
et l'eau de la source n'est plus aussi limpide dans le valon.

* *V.Sonnet pour ma grand-mère page 97.*

Janvier 2001

Anue dansavo sus lou prat:
Avidamen l'ai vougu prendre;
Sa raubo èro de vènt, e sei chivu, de cèndre.
Quouro, -sounjaire denembra,-
L'ai vougu prendre dins mei bras,
-Sus d'un raioun de luno l'aguènt vist descèndre,-
Lou bouanur fugidis qu'aviéu cresu sousprendre
S'es envoula.

* * * * *

Estou matin un "gàrri-gréu"
Si debatié dins la ratiero.
L'aviéu pres treitamen, -venié dins l'auceliero
Rouiga lou gran de meis aucèu. -
Anàvi lou nega tant lèu,
Quand dins sei grands uei round viguèri uno preguiero,
Aguéri pas lou couar d'ana, de la rebiero
Fa soun toumbèu.

Ah! se dóu mens fuguesse esta
Fuguèsse esta qu'un marrit gàrri !
Un gàrri de valat que vous douno l'esglàri,
L'auriéu segur esecuta
Sènso remouars, sènso pieta.
Mai tant saché mi plaire aquéu mignot bestiàri
Qu'atendri i'ai rendu, coumo un niais nouvelàri
La liberta.

*O*mbre nocturne dansant sur le pré,
passionnément j'ai voulu l'atteindre; sa robe était
de vent, et ses cheveux, de cendre. Lorsque, dans
un rêve fou j'ai voulu l'attrapper, - sur un rayon
de lune l'ayant vu descendre,- le bonheur fugitif
que j'avais cru surprendre, s'est envolé.

* * * * *

*C*e matin un loir
se débattait dans la ratière.
Je l'avais pris traîtreusement, - il venait dans la volière
manger le grain de mes oiseaux ,
j'étais résolu à le noyer aussitôt,
quand dans ses grands yeux ronds je vis une prière,
je n'eus pas le cœur d'aller, de la rivière
faire son tombeau.

*A*h ! si du moins il n'eut été,
S'il n'eut été qu'un mauvais rat !
Un rat des ruisseaux qui vous donne la peur,
Je l'aurais assurément exécuté,
sans remords, sans pitié.
Mais il sut tant me plaire ce mignon petit sauvageon,
qu'attendri, je lui ai naïvement rendu
la liberté.

Sute, gisclé coumo l'uiau
E fugissé à l'avalido
Quand s'avisé subran que l'estro èro durbido,
Aproufichènt fouaço à prepaus
De soun astre prouvidenciau.
Ah ! bouto, se ta caro èro pas tant poulido,
Belèu qu'en d'aquesto ouro auries perdu la vido
Paure animau.

Courre, courre, vendra toun tour
D'estre aclapa pèr la magagno
Que trèvo lei carriero e bate la campagno.
Coumo dins l'èr flouto uno oulour,
Cade-còup que mouare uno flour
Lei campano de dòu, messagiero de lagno
Ressouanon lou plagnun pèr vau e pèr mountagno
Dei mémei plour.

Outobre 2001.

*Subit, il fusa comme l'éclair
et s'enfuit au loin
quand il s'aperçut soudain que la fenêtre était ouverte,
profitant fort à propos
de son aubaine providentielle.
Ah ! certes, si ta mine n'eut pas été si belle,
assurément qu'à cette heure tu aurais perdu la vie,
pauvre animal.*

*Cours, cours, ton tour viendra
d'être terrassé par le malheur
qui court les rues et bat la campagne.
Comme dans l'air flotte un parfum,
chaque fois que meurt une fleur,
le glas des cloches, messagères de tristesse et de douleur,
s'en va par vaux et par montagnes porter la plainte
des mêmes pleurs.*

Octobre 2001.

Lou trelus de la creacien

1- **Q**ue moun amo, Signour, de longo ti benisse,
Signour moun Diéu, sies grand, sies bèu!
La trelusènço ti vestisse,
2- As la lumiero pèr mantèu.

Desplegues dins lou cèu la capo deis estello.
3- Auboures teis oustau dins leis aigo damount,
E quand la niéulo s'enmantello,
Encavala sus elo coumo faëtoun,
4- **C**oumandes eis aucèu de pouarta lei nouvello,
E fugisses à l'ourizoun,
Mestrejant deis uiau lei flamo clarinello,
Sus leis alo de l'aguieloun.

5- **A** la terro as douna soun sèti:
Que si tèngue imbrandablo e fermo au cours dei tèms.
6- Dei gràndei mar as fa soun vièsti:
Leis aigo envahissien lou daut dei countinènt;
7- Rasclon à toun coumandamen,
Esfraiado coumo de bèsti
Pèr lou tron de tei rugimen.

8- **S**i rounson dins lei gourg, davalant dei mountagno,
Dins leis endré qu'as prepara.
9- Que despasson pas lei baragno,
Que revèngon jamai envahi lei gara.

10- **C**oungreies de sourgènt ei raio dei ravino,
E l'aigo va dins lei valoun;
11- Se li abeuro la sauvagino
Emé l'ounagre e l'auceliho,
12- E si pòu, souto la ramiho
Ausi lou crid deis auceloun.

PSAUME 104 (103)

Les splendeurs de la création

1 Bénis Yahvé, mon âme !
Yahvé, mon Dieu, tu es si grand !
Vêtu de faste et d'écl at,
2 drapé de lumière comme d'un manteau.

Tu déploies les cieux comme une tente,
3 tu bâtis sur les eaux tes chambres hautes ;
faisant des nuées ton char,
tu t'avances sur les ailes du vent;
4 tu prends les vents pour messagers,
pour serviteurs un feu de flammes.

5 Tu poses la terre sur ses bases,
inébranlable pour les siècles des siècles.
6 De l'abîme tu la couvres comme d'un vêtement,
sur les montagnes se tenaient les eaux;

7 à ta menace, elles prennent la fuite,
à la voix de ton tonnerre, elles s'échappent;
8 elles sautent les montagnes, elles descendent les vallées
vers le lieu que tu leur as assigné;
9 tu mets une limite à ne pas franchir
qu'elles ne reviennent jamais couvrir la terre.

10 Dans les ravins tu fais jaillir les sources,
elles cheminent au milieu des montagnes;
11 elles abreuvent toutes les bêtes des champs,
les onagres assoiffés les espèrent;
12 l'oiseau des cieux séjourne près d'elles,
sous la feuillée il élève la voix.

13- **De** teis àutei demouero abéures lei mountagno,
La terro, de tei bèn s'assadoulo, e lei prad
14- S'abelisson dins la campagno
Ounte l'ome valènt fa peisse d'avé gras.

Fa sourgi soun pan de la terro,
15- N'en fa giscla lou vin qu'engaudisse soun couar,
L'òri deis óurevié que creisson sus lei serro,
E lou pan que lou rènde fouart.

16-**La** séuvo dóu Signour, au Liban s'assadoulo.
Dins lei grand cèdre qu'a planta,
17- L'auceliho planto caviho en farandoulo.
Lou niéu de la cigougno en cimo es acata.
18 Sus leis àutei mountagno lou chamous barroulo,
Lei marmoto en sei trau si vènon recata.

19 **Pè**r fissa tèms e fèsto as fabrega la luno,
E lou souléu que marco l'ouro au firmamen.
20 Bandisses la tenèbro, e vaqui qu'à la bruno,
En recerco d'abarimen,
21 Touto la sauvagino e touto la feruno
Reclamo à Diéu soun nourrimen.

22 **Q**uand souarte lou souléu, s'en van sènso tapàgi,
Cadun dins soun recatadou.
23 L'ome souarte pèr soun óubràgi,
Fatura jusqu'au sero lou travaiadou.
24 Teis obro soun grando, Signour !
Qunto proufusien dins teis obro !
As la sagesso pèr manobro,
La terro es pleno de tei flour.

25 **V**eici la grando mar, founso e boulegadisso,
Que, d'animau pichoun e grand es grouadisso,
26- Ounte navigon lei batèu;
E que 'me Leviatan jugues dins leis estèu.

¹³ **De** *tes chambres hautes, tu abreuves les montagnes,*
la terre se rassasie du fruit de ton ciel;
¹⁴ *tu fais croître l'herbe pour le bétail*
et les plantes à l'usage des humains,
pour qu'ils tirent le pain de la terre
¹⁵ *et le vin qui réjouit le cœur de l'homme,*
pour que l'huile fasse luire les visages,
et que le pain fortifie le cœur de l'homme

¹⁶ **Les** *arbres de Yahvé se rassasient,*
les cèdres du Liban qu'il a plantés;
¹⁷ *c'est là que nichent les passereaux,*
sur leur cime la cigogne a son gîte;
¹⁸ *aux chamois, les hautes montagnes,*
aux gerboises, l'abri des rochers.

¹⁹ **Tu** *as fait la lune pour marquer les temps,*
le soleil connaît son coucher ;
²⁰ *tu poses là ténèbre, c'est la nuit,*
toutes les bêtes des forêts s'y remuent,
²¹ *les lionceaux rugissent après la proie*
et réclament à Dieu leur manger.

²² **Le** *soleil se lève, ils se retirent*
et vont à leurs repaires se coucher ;
²³ *l'homme sort pour son ouvrage,*
faire son travail jusqu'au soir.

²⁴ **Que** *tes œuvres sont nombreuses, Yahvé !*
Toutes avec sagesse tu les fis,
la terre est remplie de ta richesse.

²⁵ **Voici** *la grande mer aux vastes bras,*
et là le remuement sans nombre
des animaux petits et grands;
²⁶ *là des navires se promènent*
et Léviathan que tu formas pour t'en rire.

²⁷ Leis uei leva vèrs tu, tòutei tei creaturo,
Esperon tei largesso pèr s'assadoula.
²⁸ Ti reclamon sa nourrituro;
Duerbes ta man, soun coumoula.
²⁹ S'en van, espaventa, escoundèsses ta fàci.
Li reprenes lou vanc, fan soun darrié badau,
E parton pèr lei grands espàci
Dins la poussiero dóu repaus.
³⁰ Li mandes toun alen, sus lou còup prenon vido,
E de tei bèn nouvèu la terro es prouvesido.
³¹ Glòri pèr sèmpre au signour !
Que seis obro lou regaudisson !
³² Regardèsse la terro, e lei mount treboulisson;
Touquèsse lei montagno, e toumbon en coumbour.
³³ Cantarai lou Signour tant que duro ma vido:
³⁴ Que mou cant li siegue agradiéu;
Camìni proche d'éu, e moun amo es ravido;
³⁵₋ Que dispareisse lou catiéu !
Que lou malan maudit perisse dins lei flamo !

Benisse lou signour, moun amo !

²⁷ Tous ils espèrent de toi
que tu donnes en son temps leur manger;
²⁸ tu leur donnes, eux, ils ramassent,
tu ouvres la main. Ils se rassasient.

²⁹ Tu caches ta face, ils s'épouvantent,
tu retires leur souffle, ils expirent,
à leur poussière ils retournent.
³⁰ Tu envoies ton souffle, ils sont créés
tu renouvelles la face de la terre.

³¹ A jamais soit la gloire de Yahvé,
que Yahvé se réjouisse en ses œuvres !
³² Il regarde la terre, elle tremble,
il touche les montagnes elles fument !

³³ Je veux chanter à Yahvé tant que je vis,
je veux jouer pour mon Dieu tant que je dure.
³⁴ Puisse mon langage lui plaire,
moi, j'ai ma joie en Yahvé !
³⁵ Que les Pécheurs disparaissent de la terre,
les impies, qu'il n'en soit jamais plus !

Bénis Yahvé, mon âme !

Digo !

Digo ! s'èro verai ce qu'avié di 'quel ome,
Neissu dins lou mistèri, luen de soun oustau,
Que faié parla d'éu quouro èro enca 'n miech-ome,
E que fagué freni lei riche e lei catau.

S'èro verai tambèn ce qu'an di Pau e Peire,
Tout ce qu'an escri d'éu Matiéu, Marc, Lu e Jan,
Que milanto martir, sèmpre si releiant,
An samena pertout pèr que si pouasque crèire.

Vai saché s'èro blound, e sa barbo frisado,
Se pourtavo moustacho, e s'avié leis iue blu,
S'avié lou chivu long ou la tèsto rasado,
S'èro cen d'uno raubo, e s'anavo pèd nud ?

Fuguèsse charpentié au taié de soun paire,
Estama ou fustié, charroun ou manechau ;
Que sieguèsse pegot, pastre, qu se n'en chau ?
Estènt que, de tout biais, acò 's pas un afaire.

Aquel ome pamens, que faié de miracle,
Garissant lei malaut, ressuscitant lei mouart,
Aujènt touca la lei, - que n'avien fa 'n ouracle, -
Tenié tèsto ei sabènt, countristavo lei fouart.

Anavo pèr camin, courrènt la Palestino,
Prechant e prouclamant uno autro religien,
Que s'espandigué lèu dins touto la regien,
A la barbo dei prèire e dei legien latino.

Dijié que la meissoun èro aboundouso e bello,
Mai que bèn pau noumbrous èron lei meissounié ;
Anounciavo tambèn uno bouano nouvello,
Un reiaume, uno lei nouvello que venié.

Dis !

Dis, si c'était vrai ce qu'avait dit cet homme !
Né dans le mystère, loin de sa maison,
dont on parlait déjà lorsqu'il était encore adolescent,
et qui fit trembler des riches et des rois.

Si c'était vrai pareillement ce qu'ont dit Paul et Pierre !
Tout ce qu'ont écrit de lui Matthieu, Marc, Luc et Jean,
et que des milliers de martyrs se relayant sans cesse,
ont semé dans le monde pour que le monde croie.

Etait-il blond ? Sa barbe était-elle frisée ?
Portait-il la moustache ? Avait-il les yeux bleus,
les cheveux longs ou la tête rasée ?
Etait-il ceint d'une robe, et allait-il pieds nus ?

Etait-il charpentier comme son père ?
Etameur ou menuisier, charron ou maréchal-ferrant,
cordonnier ou berger ? Peu importe,
car de toute façon cela ne tire pas à conséquence.

Cet homme, néanmoins, qui faisait des miracles,
guérissant les malades, ressuscitant les morts,
osant toucher à la loi, alors qu'ils en avaient fait
un oracle, - tenait tête aux savants et contristait les forts.

Il allait par chemins, courant la Palestine,
prêchant et proclamant une autre religion,
qui se répandit bientôt dans toute la région,
à la barbe des prêtres et des légions romaines.

Il disait que la moisson était abondante et belle,
mais que les moissonneurs étaient bien peu nombreux;
il annonçait aussi une bonne nouvelle,
une nouvelle loi, un royaume qui venait.

Sus chascun de sei pas si levavo un disciple,
Que, subran leissant tout, lou suivié, pivela,
Ignourènt qu'à la crous sarié 'm'éu clavela,
Anavo, e à soun tour faié de coundisciple.

A la lei acusa de pourta prejudìci,
Davans lei tribunau èron puei tirassa;
Coundana mant-un cóup à subi lou suplìci,
Souvènt jusqu'à la mouart fuguéron matrassa.

Mai talo un jacènt sus soun lié de soufrènço,
Clamo soun esperanço au mitan de sei crid,
De la nouvello Gleiso ensertado à soun Crist,
Dins lei larmo e lou sang, lou cors prenié neissènço.

Bravejant lei tourmènt e lei vicissitudo, -
Coumo lou pipaudoun s'embouco au sen madur, -
Venié teta la sabo dei beatitudo,
Ounte sempre la crous ribejo lou bouanur.

Quand parlavo d'amour l'ome descouncertavo
Lei dóutour de la lei que venien l'escouta.
Qu'embessounèsse amour au mot egalita,
Cadun s'esvanissié, plus degun l'escoutavo.

Ei riche, qu'achini, réduisien sei mesuro,
Que pèr pesa lou blad faussavon l'escandau,
E que m'aquel argènt prestavon à usuro,
Reprouchavo ardimen d'èstre enjanço de mau.

Fouitejavo tambèn l'arrouganço dei prèire,
Que si faien nouma paire, mèstre, segnour;
Desaviavo lou pople, espandissié l'errour,
Diguènt que dins la lei tout èro pas de crèire.

Recampavo autour d'éu touto uno tirassuegno
De panard, de gibous, d'avugle pousseda.
S'arrougavo lou dre d'embrassa l'enfantuegno,
Trevavo de larroun, de ladre, de sourdat.

Sur chacun de ses pas se levait un disciple,
qui, aussitôt subjugué laissait tout pour le suivre,
ignorant qu'à la croix il serait un jour cloué
comme lui, il allait, et à son tour faisait des condisciples.

Accusés de porter préjudice à la loi, ils furent
quelquefois, traînés devant les tribunaux, et
condamnés à subir le supplice qui les conduisit
souvent à la mort.

Mais, telle une accouchée sur son lit de souffrance
clame son espérance au milieu de ses cris, le corps
de la nouvelle Eglise greffée à son Christ, prenait
naissance dans les larmes et le sang.

Bravant les tourments et les vicissitudes, tel le
nouveau-né vorace tète le sein gonflé, ils s'abreuvaient
à la sève des béatitudes, où sans cesse la croix se
mêle au bonheur.

Cet homme, donc, lorsqu'il parlait d'amour déconcertait
les docteurs de la loi qui venaient l'écouter,
jumelait-il amour au mot égalité, chacun disparaissait,
plus aucun ne l'écoutait.

Aux riches avides qui réduisaient leurs mesures,
qui, pour peser le blé faussaient leurs balances,
et qui prêtaient leur argent à usure, il reprochait
vertement d'être engeance de mal.

Il fustigeait aussi l'arrogance des prêtres qui se
faisaient appeler: père, maître, seigneur, il dévoyait
le peuple, il répandait l'erreur- "dans la loi" disait-il
"tout n'est pas bon à croire".

Il traînait après lui une ribambelle de boiteux,
de bossus, d'aveugles possédés, il s'arrogeait
le droit d'embrasser les enfants, il fréquentait
des larrons, des voleurs, des soldats.

E de fremo tambèn, e tambèn de pagano
Que venien cerca d'aigo à la fouant deis aujòu.
Estouné seis ami, qu'arribant au raiòu,
L'atroubèron parlant 'm'uno Samaritano.

Voulié faire liçoun ei sàgi de Judèio,
Coumo pèr la pagano avié fa à la fouant,
Aquéu jouine ignourent vengu de Galilèio !..
Mai que, de Nazaret, pourrié souarti de bouan ?..

Pamens sei pretencien e sa finto magìo
Faien repetena escribo e gènt d'elei.
Aquel aventurié destourbabo la lei,
Sacrejant lou Talmud e le teoulougìo.

Uno adultro 'n bèu jour li fugué presentado :
"Mouise, dins la lei," -diguéron- "a prescri
Que de fumello ensin sarien acoudoulado:
Tu que juges la lei, que n'en dies, Jèsu-Crist ?

"Mouise a fa la lei pèr vouastre couar; mai, gueiro !
Mouise counouissié vouastre couar desseca ...
Se ni a un d'entre vautre qu'a jamai peca,
Que sieche lou proumié à li manda la peiro."

Ensin, en óupousènt sa sentènci finalo,
A la canaiarié de seis acusacien,
En mai d'innoucenta la pauro criminalo,
Leis umeliavo tòutei sènso compassien.

Elei, enverina pèr sei grafignaduro,
Cercavon lou mejan de i'estiga 'n proucès;
Aquéu marrit ramèu de l'aubre de Jessé
Li pagarié bèn lèu tòutei sei pougniduro.

Soun renoum s'estendié dins touto la Judèio;
De mai en mai noumbrous èron seis auditour;
E dins la Samarìo e dins la Galilèio,
Souto vouas si parlavo d'un liberatour.

Il côtoyait même des femmes et, de surcroît, des
païennes qui venaient puiser de l'eau à la fontaine
des ancêtres. Il étonna ses amis qui, arrivant au puits,
le trouvèrent parlant avec une samaritaine.

Il se targuait de faire la leçon aux sages de Judée,
comme il l'avait fait à la païenne de la fontaine,
ce jeune ignorant venu de Galilée !.. Mais de Nazareth
que pourrait-il sortir de bon ?

Néanmoins ses prétentions et sa feinte magie faisaient
trépigner de colère les scribes et les savants.
Cet aventurier troublait la loi, profanait le Talmud
et la théologie.

On lui présenta un jour une femme adultère: "Moïse,
dans la loi," disaient-ils, "a prescrit que ces femmes-là
devaient être lapidées, toi qui juges la loi, qu'en dis-tu,
Jésus-Christ ?"

"Moïse a fait la loi pour votre cœur, mais, gare !
Moïse connaissait la sécheresse de votre cœur ...
Que celui d'entre vous qui n'a jamais pêché soit
Le premier à lui jeter la pierre."

Ainsi, en opposant sa sentence finale à la fourberie
de leurs accusations, il se permettait d'innocenter
la criminelle, et il les humiliait sans compassion.

Ceux-ci, aigris par ses affronts répétés, cherchaient
un moyen de le prendre en défaut. Ce rejeton de la
racine de Jessé leur paierait bientôt toutes ses insolences.

Sa renommée s'étendait dans toute la Judée; toujours
plus nombreux étaient ses auditeurs, et dans la Samarie
et dans la Galilée, on parlait à voix basse d'un libérateur.

Lei preire que veien veni la mau-parado,
E dins l'ànci de perdre soun autourita,
Coundanarien à mouart l'ome de verita,
En ourdissènt countro éu uno orro mascarado.

Dins l'acoumplissamen de sa negro besougno,
D'un disciple feloun si farien ajuda;
E pèr sa trahisoun, élei, sènso vergougno,
Dounarien trento pèço au malurous Judas !

La Pasco, dins doui jour sarié recamparello :
Tout ce que la Judèio avié de proun valènt,
Vendrié en ribambello; e dins Jerusalèn
S'atrouparien bèn lèu lei foulo cantarello.

Prudènt, lou Sanedrin anavo, emé judìci,
Leissa passa la fèsto e soun afougamen;
Puei, lou carme tourna, e lou moumen proupìci,
Engimbrarié dins l'oumbro un sourne jujamen.

Tout si debané lèu, segoun un bouan scenàri :
Si prouclamavo rei, si dijié fiéu de Diéu;
Acampavo autour d'éu la foulo dei Judiéu :
Brutau metéron fin à tòutei seis auvàri.

Au founs, èro pas mai qu'un vagaboun landaire,
Un revouluciounàri qu'an sacrifica ...
Après agué fouita lou rei descaladaire,
L'an courouna d'espino e l'an crucifica.

*Les prêtres, voyant venir le danger, et dans l'angoisse
de perdre leur autorité, feraient condamner à mort
l'homme de vérité en ourdissant contre lui une perfide cabale.*

*Dans l'accomplissement de cette noire besogne, un
disciple félon leur apporterait son aide, et pour
prix de sa trahison, ils lui donneraient, sans honte,
trente pièces d'argent - pauvre, pauvre Judas !*

*Dans deux jours la fête de la Pâque rassemblerait
la multitude. Tout ce qui dans la Judée était valide,
viendrait en foule dans Jérusalem en fête pour célébrer
le passage du Seigneur.*

*Prudent, le Sanhédrin allait, fort judicieusement
laisser passer l'enthousiasme de la fête, puis, le
calme revenu et le moment propice, il organiserait
dans l'ombre un obscur jugement.*

*L'affaire fut rondement menée, selon un bon scénario –
il se proclamait roi, se disait fils de Dieu, des
foules de juifs étaient constamment à sa suite.
Brutalement ils mirent fin à ses agissements coupables.*

*Au fond, ce n'était rien moins qu'un vagabond,
batteur de pavés, un émeutier qu'ils ont sacrifié !
Après avoir fouetté le roi révolutionnaire, ils l'ont
couronné d'épines et l'ont crucifié.*

Qu saup ce qu'avengué lei seguènto nuechado,
Quouro, sus éu la peiro, aguèron puei poussa ?
E qu pourra nous dire ce que s'es passa
Misteriousamen aquelo dimenchado ?

Avié di qu'en tres jour sourgirié de la toumbo.
E dins la tresiémo aubo un crid vèn d'esclata,
Coumo se dins lou tèmple avié peta 'no boumbo :
Osco Jerusalèn ! Crist es ressuscita !

Quouro vengué au siéu pica, fouaro d'aleno,
Creidènt, rièrent, plourènt, e foualo d'estrambord,
Peire emé sei coumpan cresèron pas d'abord
Lei prepaus delirant que tengué Madaleno.

Quand puei l'aguèron vist revengu, dins la glòri ;
Quand li digué : "Anas !.." Lei mandant dous pèr dous,
Partèron dins lou mounde ounte faguèron flòri,
Avans d'ana, coumo éu, peri sus d'uno crous.

E iéu, coumo Toumas, voudriéu touca e veire;
Dins lou meme sourgènt fuguerian bateja;
Entre doutanço e fé, coumo éu siéu parteja,
E, coumo éu, vau, doutènt de ce que vouàli creire.

Trantaianto e mesquino es moun asseguranço.
Mai basto! se lou Crist es pas ressuscita,
Alor vano es ma fé, vano moun esperanço,
E tout ce qu'ai escri es puro vanita.

La Mouto, Pasco 2001
lou quienge d'abriéu

Qu'advint-il durant les nuits suivantes, lorsque
l'on eut poussé sur lui la pierre du tombeau ?
Et que s'est-il passé mystérieusement pendant
cette fin de semaine ?

Il avait dit qu'en trois jours il surgirait de la tombe.
Et voici qu'à la troisième aube un cri a retenti, tel
une bombe éclatant dans le temple : "Réjouis-toi,
Jérusalem ! Christ est ressuscité !"

Lorsqu'elle vint, hors d'haleine, frapper à leur porte,
criant, riant, pleurant, folle de joie, Pierre et ses
compagnons ne crûrent pas d'abord les propos
délirants que leur tint Madeleine.

Lorsqu'enfin ils le virent vivant, dans la gloire,
quand il les eut envoyé en mission, deux par deux,
ils partirent dans le monde annoncer l'Evangile,
avant d'aller, comme lui périr sur une croix.

Et moi, comme Thomas je voudrais toucher et voir,
à la même source nous fûmes baptisés, comme lui
je suis sans cesse partagé entre doute et foi,
comme lui je vais, doutant de ce que je veux croire.

Ma foi est pauvre et chancelante. Mais baste !
si le Christ n'est pas ressuscité, vaine est ma foi,
vaine est aussi mon espérance, et ce que j'ai écrit
est pure vanité.

La Motte, Pâques 2001
Le quinze avril.

Generacien

La maire d'antan parlavo à sa fiho:
"Ti marides pas m'un que fa lou gai,
Que prendra de tu tout ce que li plais
Puei ti leissara 'mé la marmousiho. "

La fiho d'encuei respouande à sa maire:
"N'assajarai dès, puei 'quéu que mi plais
Mi fara d'enfant tant que n'en voudrai,
Ai tout ce que fau pèr n'en agué gaire."

Lou paire d'antan parlavo à soun drole:
"Moun fiéu, lou travai es coumo un tresor,
Aquéu que travaio, urous de soun sort,
Dins la soucieta pòu teni soun role."

Lou drole d'encuei respouande à soun paire:
"Paire, lou travai mi douno mau-cor;
Pèr m'entreteni iéu farai d'esport,
Engraissa lei pouarc es pas moun afaire."

Cinq d'óutobre 2001

Générations

La mère d'antan disait à sa fille :
"Ne te marie pas avec un luron
Qui prendra de toi tout ce qui est bon,
Puis te laissera avec ta famille."

La fille aujourd'hui répond à sa mère :
"J'en essaierai dix, puis si l'un me plait
J'aurai des enfants tant que j'en voudrai,
J'ai tout ce qu'il faut pour n'en avoir guère.

Le père d'antan disait à son môme :
"Mon fils, le travail est comme un trésor,
Il est, qui le trouve, heureux de son sort,
Et de ce trésor n'en connait la somme.'

Le fils d'aujourd'hui répond à son père :
"Je ne suis pas fait pour de gros efforts ;
Pour m'entretenir je ferai du sport ;
Engraisser les porcs n'est pas mon affaire."

Cinq octobre 2001.

Un darnié sounet

Aro qu'ai setanto an e qu'ai plus ges de voio,
Que tant mi plòu davans coumo mi plòu darrié,
Aro que trèvon plus, lei fadeto moun lié,
E que l'afront deis an m'a leva touto croio.

Tant pau que ma resoun es enca 'n pau ravoio,
Acorde-mi Segnour un trouas de fadarié,
Que, pèr foulastreja dins mei ravassarié
Mi siéu fa dins moun ouart un cantoun de ninoio.

Ah! m'en redeveni pichoun enfantounet,
Ninoi e dependènt coumo un pipaudounet
Que ris e que s'endurme en prenènt la tetado!

Acorde-mi pamens coumo artimo favour
Un brigoun de sagesso enjusqu'au darnié jour,
D'aquelo que si tènt proche tu assetado.*

* Sg. 9,4

Dernier sonnet
(Traduction en prose)

Maintenant que j'ai septante ans et que je n'ai plus aucune vigueur, que pareillement je n'ai plus d'enthousiasme, Maintenant que les petites fées ne viennent plus hanter mes nuits, et que l'affront des ans m'a enlevé toute suffisance et ôté toute présomption.

Avant que ma raison doucement ne s'absente, accorde-moi Seigneur un brin d'enchantement - j'ai, pour mieux folâtrer dans mes rêvasseries, dressé dans mon jardin un petit coin d'enfance.

Redevenir enfant, retrouver l'innocence ! Devenir dépendant comme le nouveau-né qui rit et qui s'endort en prenant la tétée!

Donne-moi néanmoins la grâce, 0 Seigneur ! de garder la sagesse jusqu'au dernier jour, celle qui près de toi, dit-on, se tient assise. *

* Sg.9,4

Segnouresso

Ah! leisse-mi canta l'amour dei segnouresso dóu tèms passat. Dins moun vilàgi, ai las ! encuei n'en resto ges; leis an pauc à pau tóutei facho dispareisse. Quouro èri pichoun, qu'aviéu lei braio courto, ni avié quatre dins lou vilàgi que vous óufrien sei bouan servìci. Uno à la Cabriero qu'acountentavo tout lou quartier dóu reloge ; uno à Sant Jóusè pèr lei gènt deis Isclo; uno autro au Moulin, que tout lou dabas dou pëis n'en proufitavo, e uno quatreimo sus la plaço de Tressavau, que faié lou bouanur dei jugaire de bocho. A dire lou verai, aquesto darriero eisisto encaro mai es escrancaiado e enebido eis usagié.

Dóu tèms que vous pàrli erian gaire mai de sieis cènt abitan au vilàgi; sian mai de doui milo à l'ouro d'encuei, e de segnouresso, - vourent-à-dire de pissoutiero - n'aven plus ges. E pamens tóutei quatre coumplissien counscienciousamen soun òufici em'uno egalo digneta à la satisfacien generalo. Touto-fes uno cauvo lei chagrinavo, li tiravo peno e leis envergougnavo : Quouro venié lou sero, quand lou lue èro desert, arrivavo puei uno chourmo d'escrivassié que venien d'escoundoun taga sus sei muraio, lei pourquejant m'un moussèu de carboun. Sei bèlei muraio blanco li servien d'escritòri ! d'ùnei meme tagavon au sòu ounte si mete lei pèd. Aquéleis indesiràblei pratico pouartavon grand tort à sa reputacien e leis óufensavon au plus aut degrad. Coumo que n'en siégue es pamens bèn verai que leis an tóutei demoulido.

E noun qu'èron pas bello aquélei bastisseto ! Moudesto, e umblo e serviciablo, agradivo e galanto. E m'acò d'uno discrecien de confessiounau, se li poudié avoua sènso crento lei plus gros pecat ; cadun n'en souartié lóugié e l'amo desgounflado. Mau-grat sa moudestié e soun umelita avien d'aluro subeirano emé sei façado blanco e sei teulisso canelado ; un pichoun raiòu d'aigo fresco gisclant pèr vòuto reguliero sus la pourcelano blanco de la conco lei tenié lisco e proupreto.

Souveraines

Ah ! laissez-moi chanter l'amour des souveraines du temps passé. Dans mon village, hélas ! aujourd'hui il n'en reste aucune ; on les a peu à peu toutes fait disparaître. Lorsque j'étais enfant, que j'avais les culottes courtes, il y en avait quatre dans le village qui vous offraient leurs bons services : une à la Cabrière qui contentait tout le quartier de l'horloge, une à Saint Joseph pour les gens des Iles, une autre au Moulin dont tout le bas du village profitait, et une quatrième sur la place de Tressavau qui faisait le bonheur des joueurs de boules. A dire vrai, cette dernière existe encore mais elle est en très mauvais état et interdite aux usagers.

En ce temps-là dont je vous parle, nous étions à peine plus de six cents habitants, nous sommes plus de deux mille aujourd'hui, et de souveraines, - savoir : de pissotières - nous n'en avons plus aucune. Pourtant toutes les quatre accomplissaient consciencieusement leur office avec une égale dignité à la satisfaction générale. Toutefois une chose les chagrinait, les peinait énormément et leur faisait honte : lorsque venait le soir, quand le lieu était désert, arrivait une bande de tagueurs qui venaient en cachette écrire des insanités sur leurs murailles, les barbouillant avec un morceau de charbon. Leurs belles murailles blanches leur servaient d'écritoire ! D'aucuns même tagaient sur le sol où l'on met les pieds. Ces indésirables pratiques portaient un grand tort à leur réputation et les offensait au plus haut degré. Quoi qu'il en soit il n'est pas moins bien vrai qu'on les a toutes démolies.

Qu'elles étaient pourtant belles ces petites bâtisses ! Modestes, humbles et serviables, agréables et coquettes. Et avec cela d'une discrétion de confessionnal, on pouvait avouer là sans crainte les plus gros péchés. Chacun en sortait léger et l'âme soulagée. Malgré leur modestie et leur humilité elles avaient noble allure avec leurs façades blanches et leurs toitures de tuiles rouges un petit filet d'eau fraîche giclant à intervalles réguliers sur la porcelaine de leurs cuvettes les tenaient luisantes et proprettes.

Aquelo de Sant Jóusè s'enourguïssie jusco d'un rousié qu'uno amo roumantico, à la man verdo avié caviha contro sa façado e que poumpounejavo em' un grand souin. Quouro venié lou mes de mai, la segnouresso enrouselido, trelusènto de milo flour semblavo dire à sei pratico amirativo : Regardas-mi coumo siéu bello !

Pèr Sant Rouman, à la débuto dóu mes d'avoust, arrivavo leis estrangié dóus Arc, de Trans, de Callas, dóu Muei et quàuquei fes de bèn pu luen encaro que venien passa lei fèsto encò de parènt ou d'ami qu'anarien à soun tour se lou fa rèndre pèr Sant Jan, Sant Ro, Sant Laurens ou pèr Nouastro Damo dóu vue de setembre. Li avié pas uno famiho dins lou vilàgi que noun envitèsse qu de cousin qu d'ami à veni festeja Sant Rouman em'ello.

La preparacien de la fèsto coumençavo lou dissato de matin. Lei jouvenas dóu "coumita dei fèsto" si faien presta la bèsti d'un de sei parènt, atelavon la carreto e partien à l'aubo dins la coualo coupa uno bouano vinteno de pinatèu e quàuquei brassado de nertas, atour requist pèr l'alestimen de la salo verdo.

La salo verdo èro chasque an minuciousamen alestido en l'ounour dóu sant emé grand gàubi e fouaço fogo pèr la jouinesso. Ero dispausado au bèu mitan de la plaço de la coumuno e de la gliso e n'en tenié uno grosso mita. Ero l'espàci reserva à la danso.

Quouro arrivavon 'mé sa carretado de pin et de verduro oudouranto, tòutei si metien tant-lèu à l'obro dins uno grando alegresso. Tout à l'entour de la plaço, à entre-vau regulié, d'ùnei cavihavon lei pinatèu, d'àutrei n'en garnissien lou trounc emé de nertas qu'enfeisselavon en partènt dóu sòu e remountènt jùsqu'ei plus bàssei branqueto. Lei pinatèu èron relia entre élei pèr dòui rang de courdeto tambèn abihado de nertas. Doui passàgi èron leissa libre permetènt l'acès au bal. Un èro óucupa à l'arrousage d'ou sou qu'èro de terro batudo. Em'un arrousadou muni d'uno pigno faié toumba minuciousamen l'aigo en plueio pèr afin que la pisto de danso sieguèsse, lou sero ni póussouso ni fangouso.

*C*elle de Saint Joseph s'enorgueillissait même d'un rosier qu'une âme romantique à la main verte avait planté devant sa façade et qu'elle entretenait avec grand soin. Lorsqu'arrivait le mois de Mai, la souveraine recouverte de mille fleurs semblait dire à ses pratiques admiratives : "Regardez-moi comme je suis belle !"

*P*our Saint Romain, dans les premiers jours du mois d'août arrivaient les étrangers des Ares, de Trans, de Callas, du Muy et quelques fois même de bien plus loin encore qui venaient à la fête, invités par des parents ou d'amis qui seraient à leur tour invités pour Saint Jean aux Arcs, Saint Roch à Trans, Saint Laurent à Callas ou pour Notre Dame du huit septembre au Muy. Rares étaient les familles du village qui n'accueillaient pas un parent ou un ami à venir fêter Saint Romain avec elles.

*L*a préparation de la fête commençait le samedi matin. Les jeunes gens du "Comité des fêtes" - uniquement des garçons - empruntaient la "bête", (le cheval) au père de l'un d'eux, attelaient la charrette et partaient à l'aube dans la colline couper une bonne vingtaine de jeunes pins et quelques brassées de nerte, ornement de choix pour la préparation de la salle verte. La salle verte était chaque année minutieusement confectionnée en l'honneur du saint avec grand soin et force engouement par la jeunesse. Elle était disposée au beau milieu de la place de la mairie et de l'église et elle en occupait une bonne moitié. C'était l'espace réservé à la danse.

*L*orsqu'ils arrivaient avec leur charretée de pins et de verdure odorante, tous se mettaient allègrement à l'ouvrage d'un même cœur et dans la joie. Tout autour de la place, à intervalles réguliers, les uns fichaient les pins en terre, d'autres en garnissaient le tronc de rameaux de nerte qu'ils ficelaient en partant du sol et en remontant jusqu'aux plus basses branchettes. Les pins étaient reliés entre eux par deux rangs de cordelettes elles-mêmes enveloppéesde nerte. Deux passages étaient laissés libres permettant l'accès au bal. L'un d'eux S'affairait à l'arrosage du sol en terre battue. Avec un arrosoir muni d'une pomme il répandait minutieusement l'eau en pluie afin que la piste de danse ne soit, le soir ni poussiéreuse ni fangeuse.

Dóu caire dóu Nord, adoursa à la façado de la Coumuno, dreissavon un pountin entre quatre pinatèu, l'engarlandavon de verduro à bóudre bèn tant que si veguèsse plus ni lei platèu ni lei cavalet que lei supourtavon. Aquéu trone sougnousamen gaubeja èro fa pèr reçubre l'ourquèstro.

En tèsto de l'intrado principalo dóu bal, sus une bando de telo blanco tendudo entre dòui pinatèu si ligié uno escripcien en gràndei letro majusculo "HONNEUR AUX ETRANGERS" - en francés - de pòu que noun coumpreguèsson leis "estrangié" dóu Muei, dóus Arc, de Trans ou de Callas.

Iéu èri de longo entre pèd d'aquélei grand jouinome apetega ei preparadis de la fèsto. Suiviéu em'uno atentien amirativo tòutei seis anado e vengudo, e n'en perdiéu pas uno. Dou pu luen que mi souvèni enjusqu'à l'annado abourrido de la guerro ai toujou viscu aquelo atmousfèro boulegadisso de préparacien coumo un encantamen. Ero pèr iéu un bouanur simple, uno joi naïvo qu'ai jamai plus retrouva e qu'a souvènt trespassa lou plesi meme de la fèsto.

La fèsto coumençavo lou dissato au sero pèr l'embrasamen dóu pin qu'avien dreissa sus la plaço de Tressavau. Un jouine dóu coumita boutavo fue ei fais de broundo amoulouna à l'entour de soun pèd. D'ou tèms que lei flamo en petegant mountavon dins la nue em'un beluguejamen d'estelo, leis enfant picavon dei man e creidavon d'amiracien dins uno joi simplo. Quouro lei darniérei flamo s'èron amoussido, chascun si rendié sus la plaço dóu bal ounte touto la jouinesso anavo si rassembla pèr la farandoulo. Uno longo ribambello endemouniado e sautarello s'endraiavo sus lou còup dins la grand'carriero en cantant à si desgargamela lou grand èr tradiciounau de la farandoulo :

"**L**a trueio, la trueio de Vaubourges
nia fa un, n'a fa dous, n'a fa tres.
La trueio, la trueio de Vaubourges
a fa lei pourquet. "

Du côté Nord, adossé à la façade de la mairie, ils dressaient une estrade entre quatre pins, ils l'enguirlandaient de verdure à foison afin qu'on ne voie plus ni les plateaux ni les échafaudages qui les supportaient. Ce trône soigneusement agencé était destiné à recevoir l'orchestre.

En tête de l'entrée principale du bal, sur une bande de toile blanche tendue entre deux pins, on lisait une inscription en grandes lettres majuscules : "HONNEUR AUX ETRANGERS", - en français - de crainte que les étrangers du Muy, des Arcs, de Trans ou de Callas ne comprennent pas.

Moi, j'étais constamment entre ces grands jeunes gens affairés aux préparatifs de la fête. Je suivais avec avec une attention admirative toutes leurs allées et venues, je n'en perdais pas une. D'aussi loin que je me souvienne et jusqu'à l'année abhorrée de la guerre j'ai toujours vécu cette atmosphère joyeuse et remuante de préparation comme un enchantement. C'était pour moi un bonheur simple, une joie naïve que je n'ai jamais plus retrouvée et qui a souvent dépassé le plaisir même de la fête.

La fête commençait le samedi soir par l'embrasement du pin qu'ils avaient dressé sur la place de Tressavau. Un jeune homme du comité mettait le feu aux fagots de branches sèches entassés au pied du pin. Pendant que les flammes s'élevaient en sifflant dans la nuit au milieu d'un étincellement d'étoiles les enfants frappaient dans leurs mains et criaient d'admiration dans une joie simple. Les dernières flammes éteintes, chacun se rendait sur la place du bal où toute la jeunesse allait se rassembler pour la farandole. Une longue ribambelle bruyante et endiablée s'engageait aussitôt dans la grand'rue en chantant à tue-tête le grand air traditionnel de la farandole :

"**L**a trueio, la treio de Vaubourges
nia fa un, n'a fa dous, nta fa tres,
La trueio, la treio de Vaubourges
a fa lei pourquet."

Dous ou tres musicien dei mai engàmbi s'esfourçavon de suivre tant bèn que mau la bando estrambordado que s'esparpaiavo dins leis androuno sourno e póusouso. Quand puei n'avié soun proun de cansoun, de rire, de cambado, la troupo farandoularello sourgissié tournamai, esparpaiado, dins lou plus grand desordre sus la plaço enluminado ounte lou bal anavo coumença, e que s'esparlongarié fouaço tard dins la nue.

Lou dimenche matin li avié la messo. Aquéu jour si cantavo la grand messo reialo de "Dumont". L'ourquèstro venié pourta ajudo ei couristo pèr enaussa lou faste de la ceremounié. L'assistanço èro subre-tout coumpausado de fremo e d'enfant, franc tres ou quatre famiho dei castèu qu'assistavon tambèn regulieramen óufici leis autrei dimenche. Part-acò èro la souleto òucasien de lei veire dins lou vilàgi. A la sourtido de la messo, un pau avans miejour l'ourquèstro dounavo councert sus la plaço davans la terrasso dóu café. Uno assistanço noumbrouso si rassemblavo pèr mies entèndre e pèr veire de proche lei musicien e seis estrumen alisca e lusènt.

A miejour chascun si recampavo à l'entour de la taulo de famiho emé seis envita. La mestresso de Voustau avié fa flòri pèr la preparaciend'aquéu repas de fèsto : Bouto-en-trin de touto meno pèr amoura l'apetis, lou gau avié passa à la cassarolo, un gros lapin coumpausavo lou civié, e fin finalo, de pòu que manquesse de viandaio e que leis envita s'enanèsson mau-countènt, un roustit de pouarc acoumpagna de quàuquei fueio d'ensalado acabavo lou menu. Lou mèstre, éu, avié souarti lei bouteio póussouso especialamen reservado pèr Sant Rouman, e que durmien au founs de la croto. Puei arrivavo lou froumàgi, lei dessèr, lou cafè e lei pousso-cafè. Dins uno atmousfèro de joi brusissènto la taulado prouloungavo lou plesi jusqu'au bèu mitan de l'après-dina. Quand puei la calour avié un pau passa, lei taulejaire partien s'espaceja dins lou vilàgi,- franc lei jouine qu'avien quita taulo despuei long-tèms - Qu s'enanavo au jue de bocho, à l'oumbro dei platano de Tressavau, faire la petanco ou la longo, qu sus la plaço dóu bal pèr escouta la musico, dansa ou regarda dansa, entaula à la terrasso dóu céucle ou dóu café davans un veire de limounado.

Deux ou trois musiciens parmi les plus alertes s'efforçaient de suivre tant bien que mal la bande exaltée qui s'éparpillait dans les ruelles sombres et poussiéreuses. Lorsqu'elle était rassasiée de chansons, de rires, de gambades, la troupe exténuée surgissait de nouveau, en désordre sur la place enluminée où le bal allait commencer, qui se prolongerait fort tard dans la nuit.

Le dimanche matin on célébrait la messe. Ce jour-là toute l'assistance chantait en chœur la messe royale de "Dumont". L'orchestre venait s'adjoindre à la chorale pour rehausser le faste de la cérémonie. L'assistance était principalement composée de femmes et d'enfants, mis à part trois ou quatre familles des châteaux qui, en outre assistaient régulièrement aux offices les autres dimanches. C'était d'ailleurs la seule occasion de les voir dans le village. A la sortie de la messe, un peu avant midi l'orchestre donnait concert sur la place devant la terrasse du café. Une assistance nombreuse se rassemblait pour mieux entendre et pour voir de plus près les musiciens et leurs instruments fourbis et étincelants.

A midi chacun regagnait la table familiale avec son, - ou ses invités. La maîtresse de maison avait fait des prouesses pour la préparation de ce repas de fête : Hors-d'œuvre de toutes sortes pour aiguiser l'appétit, le coq avait été "invité", un gros lapin composait le civet, et enfin, de crainte que la viande ne vint à manquer et que les invités, une fois partis, critiquent l'insuffisance du repas, un rôti de porc accompagné de quelques feuilles de salade achevaient le menu. Le maître, lui, avait sorti les bouteilles poussiéreuses spécialement réservées en l'honneur de Saint Romain, et qui dormaient au fond de la cave. Puis arrivaient le fromage, les desserts, le café et les pousse-cafés. Dans une atmosphère de joie bruyante la tablée prolongeait le plaisir jusqu'au beau milieu de l'après-midi, - hormis les jeunes qui avaient quitté la table bien avant la fin du repas ... Et, lorsqu'enfin la chaleur avait diminué, les convives allaient se récréer et s'aérer dans le village, les uns s'en allant au jeu de boules, à l'ombre des platanes de Tressavau jouer à la pétanque ou à la longue, d'autres sur la place du bal pour écouter la musique, danser ou regarder danser, attablés à la terrasse du cercle ou du café devant un verre de limonade.

*L*a bandeirolo de benvengudo eis estrangié plastrounejavo fieramen en tèsto de l'intrado prencipalo dóu bal. Aquelo acuiènci calourouso e avenènto empachavo pas qu'un escaufèstre puei arrivèsse. S'es agu vist d'empougnado ferouso, de còup de poung, de còup de pèd saupousca d'injuro entre jouine mouten e muien ou transian que sarravon d'en pau tròu proche uno fiho d'óu vilàgi. Subran lou large si faié dins lou bal à l'entour deis aversàri enverina. Lei fremo creidavon, apaurido; d'enfant plouravon. Sus lou còup d'ome acourien pèr dessepara lei rivau maca, ensaunousi, e pèr lei arresouna.

*L*a danso s'èro arrestado, la musico avié remeissa talo èro grando l'esmougudo generalo. Un vènt de tristesso avié subran escouba la joi e l'estrambord de la fèsto. Un malaise mau-san alourdissié l'assistanço : "Es pas uno vergougno dijien doui vièio, de tant bèu jouine, si charpina ensin ?" D'aquelo esplumassado resultavo un nas que saunavo, un uei à mit barra. Puei leis aversàri, aluencha dóu bal, s'anavon fa pensa e poumpouneja pèr sa maire, ou uno amigo.

*P*assa lou moumen d'esfrai, tout pauc à pau redevenié carme. La danso reprenié au soun de l'ourquèstro jugant de plus bello e redoublant d'esfouar pèr afin que revenguèsson l'alegresso e la joi un moumen degaiado.

*U*n còup m'arrivé, pèr mal-encontre, d'assista de proche à-n'uno d'aquélei charpinado. Aviéu pèr aqui uno deseno d'an. Eme de cambarado jugavian à si courre darrié à l'entour dóu bal en passant e repassant souto lei garlando de la salo verdo. Tout en un còup m'atròbi entrepèd de tre jouine qu'avien quita la danso e que si picavon emfun enfrun sauvàgi. Eri clavela sus plaço de panico.

*L*a banderole de bienvenue aux étrangers plastronnait fièrement en tête de l'entrée principale du bal. Cet accueil avenant et chaleureux n'empêchait pas qu'un événement fâcheux ne vint ternir la fête. On déplora quelquefois de vilaines empoignades, des coups de poings, des coups de pieds, le tout assaisonné d'injures entre jeunes mottois ou muyois ou transians qui serraient d'un peu trop près une fille du village. Aussitôt le large se faisait dans le bal autour des adversaires furieux. Des femmes criaient, apeurées, des enfants pleuraient. Vite, quelques hommes accouraient pour séparer les rivaux, meurtris, saignants, et pour tenter de les calmer et de les éloigner du bal.

*L*a danse s'était arrêtée, la musique avait diminué d'ardeur tel était grand l'émoi général. Un vent de tristesse avait subitement balayé la joie et l'enthousiasme de la fête. Un malaise malsain alourdissait l'assistance :"N'est-ce pas lamentable disaient deux grand-mères, de si beaux petits, se battre de la sorte ?" De ces empoignades il s'en suivait un nez qui saignait, un œil à demi fermé sous une paupière enflée. Puis les adversaires, éloignés du bal, allaient se faire panser et choyer par leur mère ou leur amie.

*P*assé le moment d'effroi, tout, peu à peu redevenait calme. La danse reprenait au son de l'orchestre jouant de plus belle et redoublant d'efforts afin que reviennent l'allégresse et la joie, un moment profanées.

*I*l m'arriva un jour, malencontreusement, d'assister de près à l'une de ces rixes. J'avais une dizaine d'ans ; Avec des camarades nous jouions à nous courir après à l'entour du bal, passant et repassant sous les guirlandes de la salle verte. Soudain je me trouve entre les jambes de trois jeunes gens qui avaient quitté la danse et qui se frappaient sauvagement sur le visage. J'étais cloué sur place de panique.

*U*n sentimen endefinissable de crènto, d'amarun e de tristesso m'envahissié. Ai garda long-tèms, long-tèms dins ma pensado lou souveni deis uei enmalicia e dei grimasso mechanto d'aquélei jouine. E lei còup que si dounavon restountisson encaro pèrfes à meis aureio. Gràci à Diéu aquélei regretàbleis encidènt èron fouaço rare. Pèr quant à iéu er lou soulet coup qu'ai vist la fèsto de Sant Rouman embrunido de tant laido façoun.

Mai basto ! revenguen à nouàstrei segnouresso, qu'èron de còup que lia pas tant proupreto que vous va dijiéu. - Mai lou souveni embelisse souvènt lei cauvo lei mens relusènto, e, sènso estre regretous dóu tèms passat, mi revèn puei em'un pau de noustalgié, em'uno certano engouisso même lou remembre dóu viei tèms que reveiren plus. Iéu m'agrado de pantaia. Estènt que pouàdi plus regarda luen davans, que l'aveni s'escriéu chasque matin à mei pèd, que de proujet n'en fau plus, alor, bord que mòus es permes, mi souvèni e pantàgi.

*P*antàgi que si soun reviéutado lei segnouresso d'antan, que soun mai drecho lei pissoutiero dei quatre cantoun de moun vilàgi, lusènto, trelusènto, fresco e lisqueto, prefumado coumo aquélei que rescountras sus lei pauvadou deis auto-routo, ou tambèn dins lei grand magasin que reçubon un fube de mounde e que soun sèmpre neto, relusènto e avenènto qu'es un plesi.

*A*u bèu mitan de moun pantai viéu arriva à bòudre d'estrangié dóu defouaro, envahissaire curious e pacifique, venènt en majo part de l'Uba vesita nouastre peïs. Entèndi netamen lei subladisso amirativo e leis esclamacien brusènto de tout aqélei bràvei gènt quouro s'atrobon à l'asard de sei vesito dins lei carriero de moun vilàgi fàci à fàci em'uno ou l'autro de mei segnouresso :

Un sentiment indéfinissable de crainte, d'amertume et de tristesse m'envahissait. J'ai gardé longtemps dans ma pensée ce souvenir des yeux durs et des grimaces méchantes de ces jeunes ; et les coups qu'ils se donnaient retentissent encore parfois à mes oreilles. Grâce à Dieu ces regrettables incidents étaient très rares. C'est, il est vrai la seule fois où j'ai vu la fête de Saint Romain assombrie de si laide façon.

Mais revenons enfin à nos souveraines !- qui n'étaient assurément pas toujours aussi proprettes que je vous le disais... Mais le souvenir embellit souvent les choses les moins reluisantes, et, sans être de ceux qui regrettent le temps passé, il me revient quelquefois avec un peu de nostalgie, avec une certaine angoisse même le souvenir du vieux temps que nous ne reverrons plus. Il me plaît à moi de rêver, - étant bien entendu que je ne peux plus regarder bien loin devant, que l'avenir s'écrit chaque matin à mes pieds, que je ne fais plus de projet, alors, puisqu'il m'est permis, je me souviens et je rêve.

Je rêve qu'elles ont retrouvé vie les souveraines d'antan, qu'elles sont de nouveau debout les pissotières des quatre coins de mon village, luisantes, reluisantes, fraîches et coquettes, parfumées comme celles que l'on rencontre dans les aires de repos des autoroutes, comme aussi bien dans les grands magasins où va et viens sans cesse une foule de gens, et qui sont toujours nettes, agréables et avenantes, et qu'on visite presque par plaisir.

Au beau milieu de mon rêve je vois arriver, toujours plus nombreux les étrangers du dehors, envahisseurs pacifiques et curieux, venant en majeure partie du Nord visiter notre pays. Et j'entends nettement les longs sifflements d'admiration et les exclamations bruyantes de tous ces braves gens lorsqu'ils se trouvent, au hasard de leur visites dans les rues de mon village face-à-face avec l'une ou l'autre de mes souveraines :

"*What* a nice pissoutiero !"

Ou bèn :

"Mein Gott die schöne pissoutiero !"

Ou de còup que li a :

"Ma che bella pissoutiero !"

*T*ambèn vous poudès pas enmagina coumo siéu countènt que nouastre vilàgi acueie tant bèn leis estrangié.

*A*h! perdurèsse puro moun pantai !...

*Q*ue devenguèsse realita, e que deman, mi proumenant pèr carriero m'atrouvèssi tout-à-n'un còup nas à nas em'uno pissoutiero belugueto, pimparado, flourido emé grand souin pèr d'emplega coumunau óucupa de longo à la teni propro et galanto, e especialamen delega pèr faire respeta sa noublesso e sa digneta. E, dóu meme biais pèr faire ounour à nouastro Prouvènço.

Lou dous de febrié 2002
Bèu jour de la Candeloua.

"*What a nice pissoutiero !*"

ou bien :

"*Sein Gott die sch~ne pissoutiero !*"

ou encore, quelques fois :

"*Ma che bella pissoutiero !*"

Aussi vous ne sauriez vous imaginer comme je suis content de voir notre village accueillir si gentiment les étrangers. Ah ! qu'il puisse durer longtemps mon rêve !..

Qu'il devienne réalité, et que demain, me promenant par les rues je me trouve soudain nez à nez avec une pissotières sémillante, pimpante, fleurie avec grand soin par des employés communaux occupés constamment à la tenir propre et galante, et spécialement délégués pour faire respecter sa noblesse et sa dignité. Et, par le même biais faire honneur à notre Provence.

Le deux février 2002.
Beau jour de la Chandeleur.

Table des matières

Avertissimen 6
Avertissement... 7
Introuducien. 8
Introduction. 9
Un sounet pèr Prouvènço. 10
Un sonnet pour la Provence 11
Prouvènço, auriéu vougu... 12
Provence, j'aurais voulu 13
A moun ami pouèto Pèire André 26
A mon ami poète Pierre André. 27
A moun ami Pèire André, ... 34
A mon ami Pierre André, ... 37
A Mounico pèr sei seissanto an 39
A Monique pour ses soixante ans 41
Bouanur 42
Bonheur 43
Cigalo d'Enri... 44
Cigale d'Enri. 45
Cigalo de Glaude... 48
La Cigale de Claude.. 49
Couplancho de la mestresso d'escolo 54
Complainte de la maîtresse d'école 55
Janet 58

Janet *59*
Moun grand *62*
Mon Grand *63*
Nouvè 1997 .... *66*
Noël 1997 .... *67*
Cinquanto an de mariàgi *68*
Nos cinquante ans de mariage. *69*
Nous counvides à la fèsto *74*
Tu nous convies à la fête *75*
Nue de Nouvè *79*
Nuit de Noël *80*
Pastouralié dóu lume *81*
Pastouralié dóu lume *83*
Quand la lauseto cantara *86*
Quand l'alouette chantera *87*
Pesca d'aigo. *90*
Pêcher de l'eau. *91*
D'après la preguiero de Sant-Gregòri-de-Nazianze *93*
Prière de Saint-Grégoire-de-Nazianze *95*
Printèms *98*
Printemps *99*
Sounet pèr ma Grand *100*
Sonnet pour ma Grand-Mère *100*
Recampadis *102*
Etranger *103*
Uno proso de mei cinq an *108*
Une prose de mes cinq ans *109*
Ventoulado *116*
Bourrasque *117*
Un Sounet pèr ma Grand. (seguido) *123*

Un sonnet pour ma Grand-mère (suite) 125
Quouro es mouart lou pouèto. 126
Quand il est mort le poète 127
Cigalo d'Estièni. 128
Cigale d'Etienne. 129
Jan Lu. 132
Jean Luc. 133
Sant-Doumenico-Flòri. 134
Saint-Dominique-Fleur 135
La Moustiero en Prouvènço 144
La Moûtière en Provence 145
1 - Lou Presènt 148
2 - L'imperfèt. 149
Tòni. 152
Toine. 153
Bertrand. 158
Bertrand. 159
Aquéu que parlavo eis estello. 162
Celui qui parlait aux étoiles 163
Pèire 170
Pierre. 171
Cansoun d'autouno 176
Cansoun inspirado d'un « pouèmo saturnien » 177
Louei. 178
Louis. 179
Anniversaires. 182
Fadun. 184
Niaiseries. 185
Lou trelus de la creacien. 190
Les splendeurs de la création. 191

Digo! *196*
Dis ! *197*
Generacien *206*
Générations *207*
Un darnié sounet *208*
Dernier sonnet *209*
Segnouresso *210*
Souveraines *211*